REGIÕES METROPOLITANAS
ARMADILHAS, DEMOCRACIA
E GOVERNANÇA

FERNANDO JOSÉ LONGO FILHO

Apresentação
Claudia do Amaral Furquim

REGIÕES METROPOLITANAS
ARMADILHAS, DEMOCRACIA E GOVERNANÇA

Belo Horizonte

2020

© 2020 Editora Fórum Ltda.

É proibida a reprodução total ou parcial desta obra, por qualquer meio eletrônico, inclusive por processos xerográficos, sem autorização expressa do Editor.

Conselho Editorial

Adilson Abreu Dallari
Alécia Paolucci Nogueira Bicalho
Alexandre Coutinho Pagliarini
André Ramos Tavares
Carlos Ayres Britto
Carlos Mário da Silva Velloso
Cármen Lúcia Antunes Rocha
Cesar Augusto Guimarães Pereira
Clovis Beznos
Cristiana Fortini
Dinorá Adelaide Musetti Grotti
Diogo de Figueiredo Moreira Neto (*in memoriam*)
Egon Bockmann Moreira
Emerson Gabardo
Fabrício Motta
Fernando Rossi
Flávio Henrique Unes Pereira

Floriano de Azevedo Marques Neto
Gustavo Justino de Oliveira
Inês Virgínia Prado Soares
Jorge Ulisses Jacoby Fernandes
Juarez Freitas
Luciano Ferraz
Lúcio Delfino
Marcia Carla Pereira Ribeiro
Márcio Cammarosano
Marcos Ehrhardt Jr.
Maria Sylvia Zanella Di Pietro
Ney José de Freitas
Oswaldo Othon de Pontes Saraiva Filho
Paulo Modesto
Romeu Felipe Bacellar Filho
Sérgio Guerra
Walber de Moura Agra

CONHECIMENTO JURÍDICO

Luís Cláudio Rodrigues Ferreira
Presidente e Editor

Coordenação editorial: Leonardo Eustáquio Siqueira Araújo
Aline Sobreira de Oliveira

Av. Afonso Pena, 2770 – 15º andar – Savassi – CEP 30130-012
Belo Horizonte – Minas Gerais – Tel.: (31) 2121.4900 / 2121.4949
www.editoraforum.com.br – editoraforum@editoraforum.com.br

Técnica. Empenho. Zelo. Esses foram alguns dos cuidados aplicados na edição desta obra. No entanto, podem ocorrer erros de impressão, digitação ou mesmo restar alguma dúvida conceitual. Caso se constate algo assim, solicitamos a gentileza de nos comunicar através do *e-mail* editorial@editoraforum.com.br para que possamos esclarecer, no que couber. A sua contribuição é muito importante para mantermos a excelência editorial. A Editora Fórum agradece a sua contribuição.

Dados Internacionais de Catalogação na Publicação (CIP) de acordo com a AACR2

L856r	Longo Filho, Fernando José Regiões metropolitanas: armadilhas, democracia e governança / Fernando José Longo Filho.– Belo Horizonte : Fórum, 2020. 188p.; 14,5cm x 21,5cm ISBN: 978-85-450-0689-3 1. Direito Constitucional. 2. Direito Municipal. 3. Direito Urbanístico. 4. Regiões Metropolitanas. I. Título. CDD 341.2 CDU 342

Elaborado por Daniela Lopes Duarte - CRB-6/3500

Informação bibliográfica deste livro, conforme a NBR 6023:2018 da Associação Brasileira de Normas Técnicas (ABNT):

LONGO FILHO, Fernando José. *Regiões metropolitanas*: armadilhas, democracia e governança. Belo Horizonte: Fórum, 2020. 188p. ISBN 978-85-450-0689-3.

Para Helena e Letícia, meus anjos da guarda.

AGRADECIMENTOS

Agradeço a minha amada esposa Mônica pela paciência e apoio, durante o período do mestrado. Além disso, sem a sua força, a dissertação não teria virado livro. Agradeço as minhas queridas filhas Helena e Letícia que simplesmente por existirem são meus anjos da guarda, assim como aos meus pais Fernando e Gláucia pelo incentivo. Ao meu irmão Gustavo, por ser um exemplo que me deu ânimo de cursar um mestrado.

À Procuradoria-Geral do Distrito Federal, expresso também a minha gratidão, pois, além de aprender diariamente com os colegas no convívio do trabalho, financiou o curso de mestrado no IDP. Manifesto meu agradecimento também aos servidores da Biblioteca da PGDF pelo auxílio durante o curso do mestrado.

Agradeço ao meu orientador professor Dr. Sérgio Victor por me ensinar que, entre a elaboração e a defesa da dissertação, existe um longo caminho a ser percorrido com perseverança e humildade. Obrigado pela serena orientação e por ter me apresentado referenciais teóricos até então desconhecidos.

Não posso deixar de registrar meu agradecimento aos professores Dr. Fábio Quintas e Dr. Luciano Fuck que participaram da minha banca de qualificação, promovendo intervenções e sugestões valiosas para o aperfeiçoamento dessa dissertação.

É indispensável também agradecer ao professor Dr. Luciano Fuck, mais uma vez, e ao professor Dr. José Roberto Afonso pela disciplina "Federalismo Fiscal" que ministraram no mestrado, pois foi vital para a minha compreensão das relações intergovernamentais.

Manifesto também minha gratidão aos membros da Banca Examinadora – Dr. Fábio Quintas e Dr. Celso Correia – pelas provocações e críticas ao texto, que são necessárias a qualquer trabalho acadêmico.

Aos colegas do mestrado, por me lembrarem o quão gostoso é sentar na cadeira de uma sala de aula e por ter o privilégio de aprender com e de vocês.

Agradeço também ao IDP porque propiciou um ambiente de pesquisa com recursos, apoio e acolhimento me fazendo me sentir em casa.

À amiga Claudia Furquim, pelos livros emprestados e pelas conversas, meu muito obrigado.

Hence federal partnership is not like that created in private law in which the partners have very limited obligations to one another but is a public law partnership that creates community and thereby involves a more extensive set of mutual obligations.

(Daniel J. Elazar)

SUMÁRIO

APRESENTAÇÃO
Claudia do Amaral Furquim 13

INTRODUÇÃO 17

CAPÍTULO 1
ARMADILHAS FEDERATIVAS 31
1.1   Matriz e armadilhas federativas 31
1.2   Desenvolvimento da federação no Brasil e municipalismo
       autárquico 34
1.3   Federalismo fiscal e municipalismo autárquico 40
1.4   Competências entrelaçadas e Regiões Metropolitanas 47
1.5   Sistema político e Regiões Metropolitanas 58

CAPÍTULO 2
REGIÕES METROPOLITANAS E DEMOCRACIA 65
2.1   Constituição e Regiões Metropolitanas 65
2.2   Federalismo e democracia: teorias 74
2.3   Democracia Deliberativa e Regiões Metropolitanas 85

CAPÍTULO 3
GOVERNANÇA METROPOLITANA 99
3.1   Estatuto das Metrópoles 99
3.2   Instituição de Regiões Metropolitanas 105
3.2.1 A regra geral 105
3.2.2 O caso do Distrito Federal 114
3.3   Governança interfederativa 117
3.3.1 Princípios 117
3.3.2 Estrutura 123
3.3.3 Assembleia Metropolitana 128
3.4   Financiamento das Regiões Metropolitanas 134

CAPÍTULO 4
FUNÇÕES PÚBLICAS DE INTERESSE COMUM 139
4.1   Conceito 139
4.2   Formação e sustentabilidade dos consórcios públicos
de saúde 146
4.3   Plano de Desenvolvimento Urbano Integrado 153

CONCLUSÕES 167

REFERÊNCIAS 179

APRESENTAÇÃO

O Brasil é um país dado à conformação de grandes cidades e até mesmo de megalópoles, em torno das quais se arranjam significativos anéis urbanos formados por diversos municípios, os quais assumem distintas funções.

Os motivos determinantes creio não ter mais espaço perquirir, embora seja incontestável, por um lado, que a histórica ausência de efetivo controle do Poder Público sobre o desenho, a expansão e a funcionalização dos sítios urbanos no Brasil, bem como o notável desenvolvimento industrial e a oferta de serviços especializados em larga escala experimentados por determinados sítios urbanos favoreceram tal realidade.

Por outro lado, e em franca correlação com a perspectiva anterior, o fenômeno da conurbação é significativo no desenho urbano brasileiro. Diversos municípios geograficamente próximos apresentam verdadeira continuidade territorial urbana, similaridade de demandas sociais quanto às prestações de serviços públicos, identidade socioeconômica, e mesmo cultural, além um intenso processo de trocas entre seus habitantes.

Aliadas a essas circunstâncias, em plano diverso, as características geográficas e ambientais compartilhadas também estimulam essa noção de ininterrupção territorial, que não observa os contornos jurídicos eventualmente estabelecidos para cada assentamento urbano.

Essa realidade não é anormal. Ao longo da história, como advertido por Lefèbvre, *"el tejido urbano (formulación algo vaga, pero cómoda) ha adoptado nuevas formas; asume nuevas funciones; se dispone en nuevas estructuras"*.[1]

A par disso, é seguro afirmar que o fenômeno da metropolização no Brasil não é recente, como também não o é a resposta

---

[1] *Vide* LEFEBVRE, Henri. *De lo rural a lo urbano*. Barcelona: Ediciones Península, 1975. p. 162.

dada pelo ordenamento jurídico a esse arranjo urbanístico, muito embora se possam objetar deficiências na regulação. Contudo, é lamentável que a doutrina jurídica não se tenha ocupado com afinco das regiões metropolitanas, deixando a descoberto o exame de questões fundamentais de gestão administrativa e de ordenação do território.

Diante desse cenário, o primeiro mérito do livro que tenho a honra de apresentar ao leitor é o de quebrar a letargia doutrinária sobre o tema, identificando de pronto quais os principais problemas que são suscitados pela noção de governança metropolitana e quais questões estão deficientes de análise e solução jurídicas.

Como não poderia deixar de ser, o estudo analisa o fenômeno da metropolização desde a perspectiva constitucional, eis que a carta trata da metrópole, constitucionaliza o urbanismo e impõe o planejamento territorial, matéria em que se destaca a competência municipal e que acarreta as dificuldades basilares da gestão metropolitana.

Atento a isso, o autor explica detidamente não só os motivos dessa dificuldade, mas, com primazia, as próprias causas da prevalência municipal, que tornou a federação brasileira tão peculiar e que hoje dificulta significativamente a noção de cessão de autonomia, ou melhor, de delimitação da autonomia municipal reclamada pela gestão metropolitana.

A obra não se limita, no entanto, a descrever e conceituar um problema, tampouco a analisar suas raízes e antecedentes históricos, apesar de fazê-los muito bem. Seu autor vai muito além, com a sagacidade típica de quem une notável capacidade de investigação a uma profícua experiência profissional, ao problematizar a gestão metropolitana, identificando as principais soluções jurisprudenciais e buscando na doutrina pátria e comparada possíveis respostas para as questões mais prementes.

Nesse contexto, outro grande mérito do livro é o de não se contentar com os fundamentos jurisprudenciais ou com o esgotamento normativo do tema, exercendo um crivo crítico bem alicerçado ao apontar objetivamente as falhas que considera haver no sistema e indicar a possibilidade de correção fornecida pelo próprio ordenamento jurídico, aqui compreendidos o conjunto normativo e o plexo interpretativo dele decorrente.

APRESENTAÇÃO | 15

É notável a preocupação do autor em contrastar a noção de região metropolitana com a de gestão democrática, a partir do estudo de três modelos distintos, até chegar à noção de governança metropolitana. Nesse ponto, confirmando o mérito da obra e a imprescindibilidade de sua leitura, o autor debruça-se sobre o Estatuto da Metrópole e aduz como deveria ser estruturada a governança interfederativa, segundo os critérios da teoria da interpretação constitucional, respondendo com objetividade à indagação inicial que fizera: "como a governança metropolitana deve ser desenhada, estruturada institucionalmente?".

Esta apresentação não cairá na armadilha de resumir a obra, porque este não é seu papel, mas adianta que, a despeito das dificuldades apresentadas pelo tema e da escassez de discussões de qualidade havidas sobre ele, o autor oferece ao leitor reflexões e considerações importantíssimas que fogem da simplicidade cunhada na expressão "lançar luzes", o que o faz preencher com mérito o vazio doutrinário existente sobre o tema.

A todos, os meus desejos de uma boa leitura e de uma profícua reflexão.

Março de 2018.

Claudia do Amaral Furquim
Mestre em Direito e Estado pela UnB (2005). Máster em Problemas Actuales de Derecho Administrativo (2011) e Doutorado em Direito Administrativo, ambos pela Universidade Complutense de Madrid (2017). Procuradora do Distrito Federal desde 1998.

INTRODUÇÃO

A Federação brasileira nasceu junto com a Proclamação da República em 1889, quando as províncias foram transformadas em estados. A Constituição americana foi a fonte de inspiração do modelo de federação da Constituição de 1891. A Federação brasileira foi implantada com enorme peso conferido aos estados, tanto que os governadores na República Velha eram intitulados de presidentes. O caráter oligárquico da República Velha pode ser explicado pela afirmação de que os cidadãos foram substituídos pelos estados.[1]

Com o Estado Novo, instaurado em 1937 por Getúlio Vargas, foi determinada a intervenção em todos os estados da Federação e nomeados interventores.[2] O autoritarismo do Estado Novo aniquilou qualquer pretensão de autonomia dos estados membros. O pêndulo foi de um federalismo de presidentes de estados para um Estado unitário de interventores.

Após breve período de democracia entre 1946-1964 e de ressurgimento da Federação, o golpe militar de 64, em nome de um federalismo de integração,[3] na prática, extinguiu a federação.[4] A Constituição Federal de 1988 restabeleceu o pacto federativo após períodos de ditadura centralizadora.

Nesse contexto, pode-se afirmar que a Federação brasileira é uma questão em aberto tanto politicamente quanto juridicamente, especialmente em face da Constituição Federal de 1988,

---

[1] CARVALHO, José Murilo de. República, democracia e federalismo: Brasil, 1870-1891. *Varia Historia*, Belo Horizonte, v. 27, n. 45, p. 157, jan./jun. 2011.

[2] BERCOVICI, Gilberto. *Dilemas do Estado Federal Brasileiro*. Porto Alegre: Editora Livraria do Advogado, 2004, p. 41.

[3] Buzaid assim esclarece o conceito de federalismo de integração: "(...) A esse novo tipo, que promove o desenvolvimento econômico com o máximo de segurança coletiva, ousamos denominar federalismo de integração. (...)". In: BUZAID, Alfredo. *O Estado Federal Brasileiro*. Brasília: Ministério da Justiça, 1971. p. 40.

[4] BERCOVICI, Gilberto. *Dilemas do Estado Federal Brasileiro*. Porto Alegre: Editora Livraria do Advogado, 2004. p. 50-51.

que instituiu o que se convencionou denominar de federalismo cooperativo.[5] Os estudos, a partir de então, se concentraram no tema da repartição de competências à luz do conceito de "condomínio legislativo",[6] na investigação do tormentoso conceito de "normas gerais",[7] na pesquisa sobre o poder constituinte estadual[8] e o controle de constitucionalidade estadual[9] e na tentativa de definição do princípio da simetria.[10] Também foi desenvolvido o exame das relações entre os entes da federação à luz do princípio da ponderação.[11]

Entretanto, reconhece-se a existência de um vazio, salvo as exceções que comprovam a regra,[12] sobre o instituto das competências administrativas comuns[13] ou denominadas também

---

[5] BERCOVICI, Gilberto. *Dilemas do Estado Federal Brasileiro.* Porto Alegre: Editora Livraria do Advogado. p. 55-56.

[6] HORTA, Raul Machado. *Estudos de direito constitucional.* Belo Horizonte: Editora Del Rey, 1995. p. 367.

[7] ALMEIDA, Fernanda Dias Menezes de. *Competências Constitucionais de 1988.* 3. ed. São Paulo: Editora Atlas, 2005, p. 147 e CAMARGO, Nilo Marcelo de Almeida. *Introdução às "normas gerais" da Constituição Brasileira de 1988 como limitação à autonomia política.* Porto Alegre: Editora Núria Fabris, 2013.

[8] FERRAZ JÚNIOR, Tércio Sampaio. Princípios condicionantes do poder constituinte estadual em face da Constituição Federal. In: CLÈVE, Clèmerson Merlin; BARROSO, Luís Roberto (Org.) *Doutrinas essenciais de direito constitucional.* São Paulo: Editora Revista dos Tribunais, 2011. v. 3.

[9] LEONCY, Leo Ferreira. *Controle de constitucionalidade estadual:* as normas de observância obrigatória e a defesa abstrata da Constituição do Estado-membro. São Paulo: Editora Saraiva, 2007.

[10] ARAÚJO, Marcelo Labanca Corrêa de Araújo. Federalismo e Princípio da Simetria. In: TAVARES, André Ramos; LEITE, George Salomão; SARLET, Ingo Wolfgang. *Estado Constitucional e organização do poder.* São Paulo: Saraiva, 2010. p. 513-549.

[11] CAMARGO, Nilo Marcelo de Almeida. *A forma federativa de Estado e o Supremo Tribunal Federal pós-constituição de 1988.* Porto Alegre: Núria Fabris Ed., 2010.

[12] Conferir KRELL, Andreas J. A necessária mudança de foco na implantação do federalismo cooperativo no Brasil: da definição das competências legislativas para o desenho de formas conjuntas de execução administrativa. In: SOUZA NETO, Cláudio Pereira de; SARMENTO, Daniel; BINEMBOJM, Gustavo (Org.). *Vinte anos da Constituição Federal de 1988.* Rio de Janeiro: Editora Lumen Juris, 2009. p. 635-660; BERCOVICI, Gilberto; SIQUEIRA NETO, José Francisco. O art. 23 da Constituição de 1988 e as competências comuns. *Revista Brasileira de Estudos Constitucionais,* Belo Horizonte, v. 2, n. 6, p. 49-65, abr./jun. 2008; ORTOLAN, Marcelo Augusto Biehl. *Relações intergovernamentais e instrumentos de cooperação administrativa na Federação brasileira.* 2013. 184 f. Dissertação (Mestrado em Direito) – Programa de Pós-Graduação em Direito, Universidade Federal do Paraná, Curitiba, 2013.

[13] HORTA, Raul Machado. *Direito constitucional.* 2. ed. rev., atual. e ampl. Belo Horizonte: Editora Del Rey, 1999. p. 364.

INTRODUÇÃO | 19

de competências concorrentes administrativas (art.23 da CF),[14] as quais são conceituadas como "a área das atribuições materiais ou de execução exercitáveis, em parceria, por todos os integrantes da Federação, convocados para uma ação conjunta e permanente, com vistas ao atendimento de objetivos de interesse público, de elevado alcance social, a demandar uma soma de esforços".[15]

Uma das razões desse vazio é a dificuldade de operar juridicamente com a mudança do sistema de repartição de competências da Federação. Antes, sob à égide do Estado Liberal, as ordens jurídicas da União e dos estados-membros eram compartimentos estanques, os quais não se comunicavam. O pensamento de Kelsen é utilizado pela doutrina brasileira para expressar essa compreensão sobre a repartição de competências constitucionais. Nesse sentido, a título ilustrativo:

> Tal posição, entretanto, não deve prosperar, pois, conforme já demonstrado na repartição de competência vertical, verdadeiro condomínio legislativo, não se fala em colisão de normas, mas, sim, em complementação; não há hierarquia, que há, conforme a visão de Kelsen na teoria sobre a superposição de ordens jurídicas em um mesmo território é a superposição de ordens jurídicas em um mesmo território, que se complementam por expressa determinação da Constituição total.[16]

Também, veja-se o próprio Kelsen discorrendo sobre o conceito de federação:

> A repartição de competências é o cerne político da ideia federalista. Isso significa, do ponto de vista técnico, que as Constituições Federativas não apenas regulam o processo legislativo e estabelecem certos princípios a propósito do conteúdo das leis – como acontece com as dos Estados unitários – mas também fixam as matérias atribuídas à legislação federal e à legislação local. Qualquer violação local dos limites assim traçados pela Constituição é uma violação da lei fundamental do Estado

---

[14] MENDES, Gilmar Ferreira *et. al. Curso de direito constitucional.* 4. ed. rev. e atual. São Paulo: Editora Saraiva, 2009, p. 870.

[15] ALMEIDA, Fernanda Dias Menezes de. Comentário ao artigo 23. In: CANOTILHO, J. J. Gomes; MENDES, Gilmar F.; SARLET, Ingo W.; STRECK, Lenio L. (Coord.). *Comentários à Constituição do Brasil.* São Paulo: Saraiva; Almedina, 2013. p. 133.

[16] FARIAS, Paulo José Leite. *Competência federativa e proteção ambiental.* Porto Alegre: Sergio Antônio Fabris Editor, 1999. p. 331.

federativo; *e a proteção desse limite constitucional das competências entre União e estados federados é uma questão política vital*, sentida como tal no Estado federativo, no qual a competência sempre dá ensejo a lutas apaixonadas.[17]

À luz dessa concepção, o ponto nevrálgico para a federação seria a definição do limite entre a competência federal e a estadual. A tarefa constitucional seria a fixação desse limite, dessa linha que separa as competências dos entes federativos.

Em uma realidade federativa perpassada por competências comuns como a instituída pela Constituição de 1988, a construção desses limites tem se demonstrado tarefa extremamente problemática, sendo "praticamente inviável a tentativa de uma descrição nítida das condições sob as quais a responsabilidade de execução de determinado serviço passa a ser exclusivamente do Município, do Estado ou da União".[18]

Essa circunstância não foi alheia aos EUA e a Alemanha, que desenvolveram um sistema federativo de entrelaçamento entre os entes componentes das federações.[19] Krell advoga um modelo de federação em que cooperação e competição entre os entes da federação estejam presentes a fim de se evitar um sufocamento da autonomia das unidades subnacionais pelo ente nacional.[20]

É considerando essa ampla paisagem que foi escolhido o tema das Regiões Metropolitanas,[21] uma vez que se entende que o instituto

---

[17] KELSEN, Hans. *Jurisdição Constitucional*. São Paulo: Editora Martins Fontes, 2003. p. 183, grifo nosso.

[18] KRELL, Andreas J. A necessária mudança de foco na implantação do federalismo cooperativo no Brasil: da definição das competências legislativas para o desenho de formas conjuntas de execução administrativa. In: SOUZA NETO, Cláudio Pereira de; SARMENTO, Daniel; BINEMBOJM, Gustavo (Org.). *Vinte anos da Constituição Federal de 1988*. Rio de Janeiro: Editora Lumen Juris, 2009. p. 651.

[19] *Ibid.*, p. 647.

[20] *Ibid.*, p. 646.

[21] O instituto da Região Metropolitana tem sido objeto de escassos estudos acadêmicos pelos operadores do Direito. Conferir HORTA, Raul Machado. Direito constitucional brasileiro e as Regiões Metropolitanas. *Revista de Informação Legislativa*, v. 12, n. 46, p. 33-42, abr./jun. 1975; DALLARI, Adilson. Subsídios para a criação imediata de entidades metropolitanas. *Revista de Direito Público*, v. 3, n. 12, p. 309-311, abr./jun. 1970º; AZEVEDO, Eurico de Andrade. A Região Metropolitana no Brasil e seu regime jurídico. In: GOVERNO DO ESTADO DE SÃO PAULO. *O desafio metropolitano*. São Paulo: Sistema de Planejamento e de Administração Metropolitana, 1976. p. 14-36; ALVES, Alaôr Caffé. Redistribuição de rendas tributárias em Região Metropolitana. *Revista da Procuradoria-Geral do Estado de São*

INTRODUÇÃO | 21

da Região Metropolitana pode constituir-se em um laboratório das operações jurídicas sob o paradigma do federalismo cooperativo.

Tradicionalmente, a gestão metropolitana tem sido considerada sob a perspectiva de um jogo de soma zero, isto é, em que o aumento do poder do Estado-membro implica redução de poder dos Municípios participantes da RM ou o contrário.[22] Entretanto, a orientação fixada pelo STF (ADIN nº 1842) constitui um parâmetro normativo que busca modificar essa relação de jogo de soma zero ao prescrever que o arranjo de governança da RM deve ser construído em um sistema de cogestão entre Estado e Municípios.

Esse sistema de cogestão da RM inaugura uma outra lógica no exercício das competências constitucionais dos entes da federação, na medida em que é superado o esquema de competências estanques, no qual é empregado o princípio da predominância do interesse para se arbitrar os conflitos federativos, introduzindo uma outra dinâmica em que "triunfa a concepção solidária das instâncias governamentais federativas".[23]

Entretanto, Região Metropolitana, Aglomeração Urbana e Microrregiões[24] e Região Integrada de Desenvolvimento

---

Paulo, São Paulo, n. 10, p. 379-394, jun. 1977; ALVES, Alaôr Café. *Planejamento metropolitano e autonomia municipal no direito brasileiro*. São Paulo: Bushatsky; Emplasa, 1981; GRAU, Eros Roberto. *Regiões Metropolitanas*: regime jurídico. São Paulo: Bushatsky, 1974; GRAU, Eros Roberto. *Direito urbano*: regiões metropolitanas, solo criado, zoneamento e controle ambiental. São Paulo: Ed. Revista dos Tribunais, 1983; FERNANDES, Edésio. Gestão metropolitana. *Cadernos da Escola do Legislativo*, V. 7, n. 12, p. 65-69, jan./jun.2004; TEIXEIRA, Ana Carolina Wanderley. *Região Metropolitana*: instituição e gestão contemporânea. Belo Horizonte: Editora Fórum, 2005; FERNANDES, Edésio. O elo perdido: o desafio da gestão metropolitana. In: ALFONSIN Betânia; FERNANDES, Edésio (Org.). *Direito urbanístico*: estudos brasileiros e internacionais. Belo Horizonte: Editora Del Rey, 2006. p. 359-366; SERRANO, Pedro Estevam Alves Pinto. *Região Metropolitana e seu regime constitucional*. São Paulo: Editora Verbatim, 2009. Esta listagem não é exaustiva, mas extremamente representativa, de acordo com as pesquisas bibliográficas realizadas.

[22] AZEVEDO, Sérgio de; GUIA, Virgínia R. dos Mares. Reforma do Estado e federalismo: os desafios da governança metropolitana. In: RIBEIRO, Luiz César de Queiroz (Org.). *O futuro das metrópoles*: desigualdades e governabilidade. Rio de Janeiro: REVAN; FASE, 2000. p. 530.

[23] ALVES, Alaôr Caffé. Alaôr Caffé. Regiões metropolitanas, aglomerações urbanas e microrregiões: novas dimensões constitucionais da organização do Estado brasileiro. Disponível em: www.pge.sp.gov.br/centrodeestudos/revistapge/revista/tes1.htm . Acesso em: 20 jul. 2019.

[24] "Art. 25. Os Estados organizam-se e regem-se pelas Constituições e leis que adotarem, observados os princípios desta Constituição. §1º São reservadas aos Estados as competências que não lhes sejam vedadas por esta Constituição. §2º Cabe aos Estados explorar diretamente, ou mediante concessão, os serviços locais de gás canalizado, na forma da lei, vedada a edição de medida provisória para a sua regulamentação. (Redação

Econômico[25] são conceitos que pertencem aos livros de geografia para os operadores do Direito, embora estejam presentes no texto constitucional, passando despercebidos, apesar de serem aplicados nos âmbitos nacional e estadual, de acordo com os dados do IBGE.

Segundo Nota Técnica do IBGE, 87.002.695 milhões de pessoas residem nas 25 maiores Regiões Metropolitanas e Regiões Integradas de Desenvolvimento, o que constitui 42,91% do total da população brasileira.[26] Ademais, de acordo com esse levantamento do IBGE, 1.227 municípios brasileiros estão integrados a alguma Região Metropolitana, Região Integrada de Desenvolvimento Econômico ou Aglomeração Urbana.

Daí a evidência de que esses institutos constitucionais já fazem parte da nossa realidade, a despeito da carência de estudos jurídicos sobre essa temática. Talvez esse cenário se modifique com o recente Estatuto das Metrópoles – Lei nº 13.089/2015 –, que disciplina o instituto constitucional das Regiões Metropolitanas e Aglomerações Urbanas e faz referência também à Microrregião e à Região Integrada de Desenvolvimento Econômico.

E o Estatuto das Metrópoles introduziu definições legais que são assumidas nesta investigação. Define Região Metropolitana como "unidade regional instituída pelos Estados, mediante lei

---

dada pela Emenda Constitucional nº 5, de 1995) §3º Os Estados poderão, mediante lei complementar, instituir regiões metropolitanas, aglomerações urbanas e microrregiões, constituídas por agrupamentos de municípios limítrofes, para integrar a organização, o planejamento e a execução de funções públicas de interesse comum"'".

[25] "Art. 43. Para efeitos administrativos, a União poderá articular sua ação em um mesmo complexo geoeconômico e social, visando a seu desenvolvimento e à redução das desigualdades regionais. §1º Lei complementar disporá sobre: I – as condições para integração de regiões em desenvolvimento; II – a composição dos organismos regionais que executarão, na forma da lei, os planos regionais, integrantes dos planos nacionais de desenvolvimento econômico e social, aprovados juntamente com estes. §2º Os incentivos regionais compreenderão, além de outros, na forma da lei: I – igualdade de tarifas, fretes, seguros e outros itens de custos e preços de responsabilidade do Poder Público; II – juros favorecidos para financiamento de atividades prioritárias; III – isenções, reduções ou diferimento temporário de tributos federais devidos por pessoas físicas ou jurídicas; IV – prioridade para o aproveitamento econômico e social dos rios e das massas de água represadas ou represáveis nas regiões de baixa renda, sujeitas a secas periódicas. §3º Nas áreas a que se refere o §2º, IV, a União incentivará a recuperação de terras áridas e cooperará com os pequenos e médios proprietários rurais para o estabelecimento, em suas glebas, de fontes de água e de pequena irrigação".

[26] INSTITUTO BRASILEIRO DE GEOGRAFIA E ESTATÍSTICA – IBGE. Nota técnica: Estimativas da população dos municípios brasileiros com data de referência em 1º de julho de 2014º.

complementar, constituída por agrupamento de Municípios limítrofes para integrar a organização, o planejamento e a execução de funções públicas de interesse comum", e metrópole como o "espaço urbano com continuidade territorial que, em razão de sua população e relevância política e socioeconômica, tem influência nacional ou sobre uma região que configure, no mínimo, a área de influência de uma capital regional, conforme os critérios adotados pela Fundação Instituto Brasileiro de Geografia e Estatística – IBGE" (art. 2º, incisos V e VII). Aglomeração urbana é entendida como "unidade territorial urbana constituída pelo agrupamento de 2 (dois) ou mais Municípios limítrofes, caracterizada por complementaridade funcional e integração das dinâmicas geográficas, ambientais, políticas e socioeconômica" (art. 2º, incisos I).

O Estatuto das Metrópoles destina-se a regular as Regiões Metropolitanas e Aglomerações Urbanas. Desse modo, não previu definições legais para Microrregiões e Regiões Integradas de Desenvolvimento Urbano. Todavia, estabeleceu que o Estatuto das Metrópoles aplica-se, no que couber, "às microrregiões instituídas pelos Estados com fundamento em funções públicas de interesse comum com características predominantemente urbanas" (art. 1º, §1º inciso I), assim como "às regiões integradas de desenvolvimento que tenham características de região metropolitana ou de aglomeração urbana, criadas mediante lei complementar federal, com base no art. 43 da Constituição Federal", até a data de entrada em vigor do Estatuto das Metrópoles (*caput* do art. 22).

Ressalte-se que a utilização de conceitos legais por si só não implica a elaboração de uma investigação positivista, mas se assenta na premissa fundamental de um enfoque dogmático, isto é, destina-se a "possibilitar uma decisão e orientar uma ação"; enquanto o enfoque zetético "visa saber o que é uma coisa".[27] É importante assinalar que ambos os enfoques partem de enunciados que são subtraídos à dúvida, sob pena de não se viabilizar qualquer pesquisa. Entretanto, para o enfoque zetético, os pressupostos não são questionados porque "os admite como verificáveis e comprováveis";

---

[27] FERRAZ JÚNIOR, Tércio Sampaio. *Introdução ao estudo do Direito*: técnica, decisão, dominação. 2. ed. São Paulo: Editora Atlas, 1994, p. 41.

por outro lado, para o enfoque dogmático, as premissas não são questionáveis porque "foram estabelecidas (por um ato de arbítrio, por um ato de vontade ou de poder) como inquestionáveis".[28]

No caso desta investigação, *a tarefa é esboçar um desenho institucional*[29] *para o problema de autoridade partilhada entre Estado e Municípios no âmbito das Regiões Metropolitanas e Aglomerações Urbanas*. Neste enfoque dogmático, a noção de cogestão entre Estado e Municípios que foi definida pelo STF é acolhida como ponto de partida, bem como os conceitos legais de Região Metropolitanas e Aglomeração Urbana, o que não significa a eliminação do enfoque zetético, na medida em que a interdisciplinaridade é uma exigência ante as limitações do positivismo jurídico, em especial da nossa tradição de pensamento kelseniano.

O propósito de Kelsen foi o de elaborar uma teoria pura do Direito, isto é, despida de elementos estranhos ao Direito a fim de se evitar o "sincretismo metodológico que obscurece a essência da ciência jurídica".[30] Afirma que o Direito seria uma ciência social diferente das ciências da natureza, uma vez que o Direito é uma ordem normativa da sociedade, cujo princípio é o da imputação e não o da causalidade.[31] E por ser o Direito a ciência das normas, e apesar de as normas jurídicas serem prescrições de dever-ser e, por seu turno, constituírem opções valorativas, segundo Kelsen, o "jurista científico não se identifica com qualquer valor, nem mesmo com o valor jurídico por ele descrito".[32] Nesse contexto, a interpretação científica do Direito apenas definiria as possíveis significações de uma norma jurídica, sendo que o ato de aplicar o Direito, isto é, de eleger uma das possíveis significações, não seria ciência, mas uma função jurídico-política.[33] Além disso, Kelsen elimina a indagação sobre a legitimidade do Direito ao reputar que a Constituição derivaria de uma norma hipotética fundamental.[34]

---

[28] *Ibid.*, p. 43.

[29] VERMUELE, Adrian. *Mechanisms of Democracy*: Institutional Design Writ Small. New York: Oxford University Press, 2007. p. 2.

[30] KELSEN, Hans. *Teoria Pura do Direito*. 4. ed. São Paulo: Ed. Martins, 1994. p. 2.

[31] *Ibid.*, p. 86-87.

[32] *Ibid.*, p. 77.

[33] *Ibid.*, p. 396.

[34] "(...) Uma ciência jurídica positivista apenas pode constatar que esta norma é pressuposta como norma fundamental – no sentido que acabamos de patentear – na funda-

INTRODUÇÃO | 25

Entretanto, não nos interessa aqui a investigação sobre a eventual existência de um método de interpretação constitucional apto a lidar com a vagueza e ambiguidade dos textos constitucionais, mas sim apontar a limitação desse enfoque que se destina a responder a pergunta "como os juízes decidem os casos?",[35] na medida em que essa perspectiva é causa e consequência do fracasso do pensamento jurídico contemporâneo, pois se deve mover em direção ao desenvolvimento de caminhos institucionais para o exercício de direitos fundamentais em sociedades democráticas.[36] De acordo com Unger, a obsessão judicial ajudou a lançar um feitiço antiexperimentalista sobre o pensamento jurídico. Daí a afirmação de Unger para a necessidade de ser rebaixada a pergunta "como os juízes devem decidir?" para um campo especializado e secundário, redirecionando o pensamento jurídico para outros fins em que se possa construir as instituições e práticas mediadas tanto pelo Direito como pelo pensamento jurídico com imaginação.[37] É a proposta de experimentalismo institucional de Unger.[38]

Dorf também advoga um denominado experimentalismo democrático em razão da indeterminação do Direito e das dificuldades das modernas teorias democráticas em lidar com esse problema.[39] De igual maneira, Sunstein e Vermuele indicam a insuficiência das teorias interpretativas e propõem uma abordagem centrada nas capacidades institucionais. Assim, em vez da pergunta "como devo interpretar esse texto?", reformulam a indagação para

---

mentação da validade objetiva das normas jurídicas, e bem assim na interpretação de uma ordem coercitiva globalmente eficaz como um sistema de normas jurídicas objetivamente válidas". KELSEN, Hans. *Teoria Pura do Direito*. 4. ed. São Paulo: Ed. Martins, 1994. p. 227.

[35] UNGER, Roberto Mangabeira. *What Should Legal Analysis Become?*. Verso: Londres, Nova York, 1996. p. 106-107.

[36] *Ibid*, p. 107.

[37] *Ibid.*, p. 107.

[38] Conferir MUDROVITSCH. *Desentrincheiramento da jurisdição constitucional*. São Paulo: Saraiva, 2014, que, com apoio em Unger, apresenta uma proposta para a realidade brasileira. Ver também WALDRON, Jeremy. Dirty Little Secret. *Columbia Law Review*, v. 98, n. 2, p. 510-530, mar. 1998º, em que se fazem críticas a vagueza do conceito de experimentalismo institucional.

[39] DORF, Michael C. Legal Indeterminacy and Institutional Design. *New York University Law Review*, v. 78, n. 3, p. 875-891, jun. 2003.

"como devem certas instituições, com suas habilidades específicas e limitações, interpretar certos textos?".[40] De acordo com esses autores, a abordagem centrada nas capacidades institucionais pode viabilizar em alguns casos a resolução de conflitos mediante a colaboração de pessoas que discordam sobre os fundamentos teóricos interpretativos a respeito da Constituição. É o que chamam de um acordo teórico incompleto.[41]

É considerando esse enfoque centrado nas instituições que se pretende caminhar, sem abandonar a teoria hermenêutica do direito, para analisar o desenho institucional das Regiões Metropolitanas. Por desenho institucional, entenda-se os arranjos institucionais que são criados para a vida de uma sociedade democrática, tais como separação de poderes, federalismo, sistemas eleitorais, sistemas de governo e outros. Esses arranjos são conhecidos e podem ser denominados em larga escala, e grande parte das discussões gravita em torno deles.[42]

No caso das Regiões Metropolitanas, o desenho institucional em larga escala foi definido pelo STF na ADIN nº 1842 ao fixar o regime de corresponsabilidade entre Estado e Municípios integrantes da Região Metropolitana, porém há ainda muito a ser feito na pequena escala,[43] isto é, sobre os mecanismos para se viabilizar a gestão democrática das regiões metropolitanas sem prejuízo à autonomia dos entes federados, tampouco à participação da sociedade civil.

Assim, ainda remanescem as questões afetas ao desenho institucional em pequena escala, ou seja, como otimizar o processo deliberativo democrático dessas associações compulsórias. Nesse sentido, em vez de insistir-se no caráter compulsório, o processo deliberativo e a gestão das Regiões Metropolitanas devem ser

---

[40] SUNSTEIN, Cass R.; VERMEULE, Adrian. Interpretations and Institutions. *Mich. L. Rev.*, v. 101, p. 886, Feb. 2003.

[41] SUNSTEIN, Cass R.; VERMEULE, Adrian. Interpretations and Institutions. *Mich. L. Rev.*, v. 101, p. 915-917, Feb. 2003.

[42] VERMUELE, Adrian. *Mechanisms of Democracy*: Institutional Design Writ Small. New York: Oxford University Press, 2007. p. 1-2.

[43] VERMUELE, Adrian. *Mechanisms of Democracy*: Institutional Design Writ Small. New York: Oxford University Press, 2007. p. 2.

INTRODUÇÃO | 27

desenhados para favorecer a colaboração,[44] na medida em que se têm entes federativos, cuja subordinação dos interesses municipais ao Estado é reputada como inconstitucional pelo STF.

Entretanto, antes de se passar para o desenho institucional, é importante entender como as instituições funcionam e, no caso das Regiões Metropolitanas, por que não há cooperação entre todos os atores.[45] Por esse motivo, no primeiro capítulo, será analisada a relação entre regiões metropolitanas e as armadilhas federativas.[46]

Para essa finalidade, será explorada a noção de matriz federativa proposta por Elazar, em que a federação é conceituada como um sistema político não centralizado, o que é distinto de um sistema descentralizado.[47] A ideia de matriz é constituída pela existência de vários centros de decisão que são ligados por linhas formais e informais de comunicação entrecruzadas. A Constituição fornece o esqueleto da federação – isto é, os centros de decisão –, que é encarnado com arranjos institucionais frequentemente superpostos. Nessa perspectiva, as linhas de comunicação servem como "nervos" do sistema como um todo.[48] Esse arcabouço teórico tem sido empregado por autores brasileiros que tratam da temática.[49]

A compreensão de que as relações federativas são mais complexas que o desenho constitucional torna possível a superação das armadilhas federativas que dificultam a cooperação nas Regiões Metropolitanas em razão dos elevados custos de transação para os atores envolvidos. Esse é o tema do Capítulo 1.

---

[44] FERNANDES, Edésio. Gestão metropolitana. *Cadernos da Escola do Legislativo*, v. 7, n. 12, p. 65-69, jan./jun.2004.

[45] GARSON, Sol. *Regiões Metropolitanas*: por que não cooperam?. Rio de Janeiro: Letra Capital / Observatório das Metrópoles; Belo Horizonte: PUC, 2009.

[46] SCHARPF, Fritz W. The Joint-Decision Trap Revisited. *JCMS*, v. 44, n. 4, p. 845-864, 2006. O conceito de armadilhas federativas foi inspirado em Scharpf, porém tem uma amplitude maior neste trabalho.

[47] ELAZAR, Daniel J. *Exploring Federalism*. Tuscaloosa, Alabama: The University of Alabama Press, 1987. E-book.

[48] ELAZAR, Daniel J. *Exploring Federalism*. Tuscaloosa, Alabama: The University of Alabama Press, 1987. E-book.

[49] FRANZESE, Cibele. *Federalismo cooperativo no Brasil*: da Constituição de 1988 aos sistemas de políticas públicas. 2010. 210 f. Tese (Doutorado em Administração Pública e Governo) – Escola de Administração de Empresas de São Paulo, Fundação Getúlio Vargas, 2010; ORTOLAN, Marcelo Augusto Biehl. *Relações intergovernamentais e instrumentos de cooperação administrativa na Federação brasileira*. 2013. 184 f. Dissertação (Mestrado em Direito) – Programa de Pós-Graduação em Direito, Universidade Federal do Paraná, Curitiba, 2013.

Nesse cenário de armadilhas federativas que impedem ou dificultam a cooperação federativa, surge a indagação sobre quais são as justificativas normativas para a adoção de um modelo constitucional de cogestão das Regiões Metropolitanas entre Estado e Municípios. Essa é uma questão teórica com impacto na interpretação constitucional, tanto que no julgamento da ADIN nº 1842, o STF se dividiu em quatro correntes que iam desde uma perspectiva de que o Estado seria o titular do interesse metropolitano até o entendimento de que a titularidade seria de Estado-membro e Municípios, porém com poderes decisórios diferenciados. De igual maneira, pode-se perguntar por que não estimular a fusão e incorporação de Municípios prevista no art. 18, §4º da Constituição Federal em vez do complexo processo de cogestão entre Estado e Municípios. Há razões normativas que justificam essas escolhas que passam por uma teoria normativa da federação que antecede a elaboração e execução das políticas públicas.[50]

A construção de uma teoria normativa da federação pressupõe a compreensão da relação entre democracia e constituição. E essa relação, segundo Dworkin, passa despercebida pelos filósofos do Direito. Argumenta que há uma espécie de divisão do trabalho. Os cientistas políticos se ocupam dos problemas relativos à força do Direito, ou seja, da justificativa para a coerção estatal. Os filósofos do Direito se dedicam aos fundamentos do direito – "circunstâncias nas quais proposições jurídicas específicas devem ser aceitas como bem fundadas ou verdadeiras".[51]

A superação da ruptura entre a justificativa da coerção e o fundamento do Direito implica o reconhecimento de que a "exegese constitucional nos obriga a usar princípios externos",[52] uma vez que o texto constitucional é aberto, ainda que a literalidade textual imponha restrições à interpretação.[53] Desse modo, a interpretação constitucional depende da aplicação de princípios substantivos, isto é, de uma justificativa política substancial.[54] Por esse motivo, para

---

[50] SCOTT, Kyle. *Federalism*: A Normative Theory and its Practical Relevance. London; New Delhi; New York; Sidney: Bloomsbury Publishing, 2011. E-book.

[51] DWORKIN, Ronald. *O Império do Direito*. São Paulo: Martins Fontes, 1999. p. 136-137.

[52] SUNSTEIN, Cass R. *A constituição parcial*. Belo Horizonte: Editora Del Rey, 2008. p. 116.

[53] SUNSTEIN, Cass R.. *A Constituição Parcial*. Belo Horizonte: Editora Del Rey, 2008, p. 151.

[54] *Ibid.*, p. 127.

Sunstein, uma teoria da interpretação deve ser também uma teoria da democracia constitucional.[55] Essas razões normativas variarão conforme a relação que se estabelece entre federação e democracia. O federalismo é um modelo de partilha de poder que é sintetizado pela conhecida fórmula *self-rule plus shared-rule*.[56] Daí as implicações com a democracia. Aliás, são as teorias democráticas que justificam a adoção da forma de Estado federativa. Portanto, o segundo capítulo se destina a investigar a relação entre Regiões Metropolitanas e democracia, o que passa necessariamente pelas teorias que explicam e justificam o federalismo. Serão essas razões normativas que orientarão a interpretação constitucional a respeito do regime de cogestão das Regiões Metropolitanas.

Se constitucionalismo e democracia não podem ser apartados e a fissura entre Política e Direito deve ser superada, a opção por uma justificativa externa ao texto constitucional não elimina os problemas hermenêuticos constitucionais. A interpretação constitucional contemporânea, marcada pela distinção entre regras e princípios, apresenta elevada complexidade que tem gerado abusos.[57] E o texto constitucional permanece ainda aberto e potencialmente sujeito a várias interpretações, o que, para Kelsen, seria algo inevitável, sendo a eleição de uma das interpretações um ato político.

Por esse motivo, o enfoque é nas instituições, no seu funcionamento e como podem ser desenhadas ou redesenhadas. Assim, será analisado o arranjo institucional definido pelo Estatuto das Metrópoles. Todavia, conforme se verá, esse arranjo é apenas o ponto de partida para o desenho institucional das Regiões Metropolitanas. Desse modo, o objetivo do Capítulo 3 é desenhar normativamente as estruturas de governança, que podem ser definidas como

> (...) "a matriz institucional na qual as transações são negociadas e executadas" (Williamson, 1986, p. 105), isto é, o conjunto de regras – instituições – que fornecem o arcabouço em que as transações se desenvolvem. As regras de uma estrutura de governança especificam

---

[55] *Ibid.*, p. 147.

[56] ELAZAR, Daniel J. *Exploring Federalism*. Tuscaloosa, Alabama: The University of Alabama Press, 1987. E-book.

[57] NEVES, Marcelo. *Entre Hidra e Hércules*: princípios e regras constitucionais como diferença paradoxal do sistema jurídico. São Paulo: Editora WMF Martins Fontes, 2013.

quais os agentes envolvidos em uma transação, qual é seu objeto (ou quais são seus objetos) e que tipo de interações pode haver entre os agentes no desenvolvimento da transação.[58]

Assim, será enfocado o estudo da governança metropolitana e o esboço do desenho institucional dessa governança metropolitana, considerando a realidade das armadilhas federativas e o paradigma da democracia deliberativa. Nesse ponto, é oportuno um esclarecimento de ordem conceitual. Ao longo do texto, utilizar-se-á o termo *governança metropolitana*, e o Estatuto das Metrópoles emprega a expressão *governança interfederativa*. Para fins desta dissertação, são tratados como sinônimos, porquanto o Estatuto das Metrópoles conceitua *governança interfederativa* como "compartilhamento de responsabilidades e ações entre entes da Federação em termos de organização, planejamento e execução de funções públicas de interesse comum" (inciso IV do art. 2º).

Ademais, a expressão *governança interfederativa*, apesar de estar sendo utilizada com alguma frequência, peca, pois é redundante, na medida em que *federativo* vem do latim *feudos*, que significa "aliança". Portanto, quando se menciona uma governança federativa já está incluído no sentido a ideia de uma relação entre entes federativos que se unem por meio de acordos e pactos, formando uma aliança.

No último capítulo, será trabalhado o conceito de "funções públicas de interesse comum",[59] bem como ainda serão abordados dois institutos jurídicos que têm como propósito viabilizar essas funções públicas, de acordo com o Estatuto das Metrópoles. O primeiro instituto é o consórcio público de saúde, que está vinculado à regionalização da política pública de saúde, porém, que não depende necessariamente da instituição de regiões metropolitanas, pois se trata de um arranjo associativo voluntário. O segundo instituto é o plano de desenvolvimento urbano integrado,[60] com previsão no Estatuto das Metrópoles.

---

[58] FIANI, Ronaldo. *Cooperação e conflito*: instituições e desenvolvimento econômico. Rio de Janeiro: Elsevier, 2011. E-book.

[59] "Art. 2º Para os efeitos desta Lei, consideram-se: I – (...) II – função pública de interesse comum: política pública ou ação nela inserida cuja realização por parte de um Município, isoladamente, seja inviável ou cause impacto em Municípios limítrofes; (...)"

[60] "Art. 2º Para os efeitos desta Lei, consideram-se: (...) VI – plano de desenvolvimento urbano integrado: instrumento que estabelece, com base em processo permanente de planejamento, viabilização econômico-financeira e gestão, as diretrizes para o desenvolvimento territorial estratégico e os projetos estruturantes da região metropolitana e aglomeração urbana; (...)".

CAPÍTULO 1

ARMADILHAS FEDERATIVAS

1.1 Matriz e armadilhas federativas

A compreensão do que são as armadilhas federativas pressupõe o conhecimento da complexidade dos arranjos e relações federativas. Os Estados federais são organizados de maneira não centralizada por suas constituições, isto é, os poderes estatais são difusos e distribuídos em vários centros, cuja existência e autoridade é assegurada por uma constituição.[61]

Elazar distingue não centralização de descentralização. Na descentralização, há uma autoridade central que pode descentralizar ou centralizar novamente, de acordo com a sua conveniência. Nos sistemas descentralizados, a difusão de poder é uma questão de favor, não de direito. Nos sistemas não centralizados, o poder é tão difuso que não pode ser legitimamente centralizado ou concentrado sem quebrar a estrutura e o espírito da constituição.[62]

De acordo com Eleazar, não centralização é conceituada da melhor forma como uma matriz de autoridade, de tal maneira que a ordem das autoridades não é fixa. Na matriz, não há centros de poder superiores ou inferiores, mas apenas arenas políticas de

---

[61] ELAZAR, Daniel J. *Exploring Federalism*. Tuscaloosa, Alabama: The University of Alabama Press, 1987. E-book.

[62] *Ibid.*

tomada de decisão maiores ou menores.[63] Elazar apresenta a imagem abaixo para ilustrar seu modelo de matriz:[64]

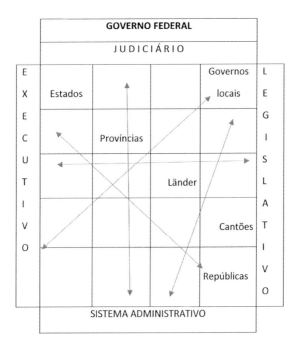

A matriz de centros decisórios é conectada através de linhas formais de autoridade que, mediante linhas formais e informais de comunicação, se entrecruzam. A constituição estabelece apenas o esqueleto dessa estrutura que se encarna mediante arranjos institucionais formais e informais frequentemente superpostos.[65]

Essa noção é importante, pois os operadores jurídicos, ao se debruçarem sobre o estudo da federação, tendem a se concentrar apenas nos arranjos constitucionais, tentando estabelecer as linhas que separam, distinguem as competências dos entes federativos. Todavia, a realidade federativa é muito mais complexa, pois abrange

---

[63] Ibid.
[64] Ibid.
[65] ELAZAR, Daniel J. *Exploring Federalism*. Tuscaloosa, Alabama: The University of Alabama Press, 1987. E-book.

normas constitucionais, normas infraconstitucionais, relações intergovernamentais, vínculos formais e informais e atuação dos Poderes Legislativos e Judiciário, e não apenas do Poder Executivo.[66] A concepção de matriz federativa permite compreender o federalismo cooperativo de um outro modo, na medida em que a interação entre os vários centros decisórios é admitida como pressuposto do sistema não centralizado, o que não significa que a cooperação ocorra de uma maneira tranquila e amigável. Muitas vezes, a cooperação existe em razão da própria dinâmica federativa.[67]

Há o caso da cooperação antagônica, em que os entes federativos atuam conjuntamente, mas não o fazem "amigavelmente" ou almejando objetivos distintos. Existe também a situação da cooperação coercitiva, pois os entes federados atuam em conjunto por força da dinâmica federativa, o que seria uma contradição com o ideal de igualdade entre os entes da federação. No âmbito de uma estrutura federativa matricial, não há a possibilidade de atuação isolada.[68]

É nesse contexto que se considera a existência de armadilhas federativas. Fritz Scharpf cunhou a expressão "armadilha da decisão conjunta"[69] para se referir ao dilema do federalismo alemão em que o excesso de cooperação pode conduzir a um impasse em razão dos poderes de veto de um dos atores políticos. No caso brasileiro, o melhor exemplo dessa armadilha da decisão conjunta é o Conselho Nacional de Política Fazendária (CONFAZ), com a sua exigência de unanimidade para a concessão de isenções e benefícios fiscais em ICMS (§2º do art. 2º da Lei Complementar nº 24/1975). Atualmente, está pendente de julgamento a ADPF nº 198 proposta pelo Distrito Federal, na qual se questiona a constitucionalidade da exigência de unanimidade.

Aqui se adota um conceito de armadilhas federativas com conotação mais abrangente, pois não se restringe ao caso da armadilha da decisão conjunta, uma vez que abarca outras situações

---

[66] FRANZESE, Cibele. *Federalismo cooperativo no Brasil*: da Constituição de 1988 aos sistemas de políticas públicas. 2010. 210 f. Tese (Doutorado em Administração Pública e Governo) – Escola de Administração de Empresas de São Paulo, Fundação Getúlio Vargas, 2010. p. 36.

[67] *Ibid.*, p. 38.

[68] FRANZESE, Cibele. *Federalismo cooperativo no Brasil*: da Constituição de 1988 aos sistemas de políticas públicas. 2010. 210 f. Tese (Doutorado em Administração Pública e Governo) – Escola de Administração de Empresas de São Paulo, Fundação Getúlio Vargas, 2010. p. 38.

[69] SCHARPF, Fritz W. The Joint-Decision Trap Revisited. *JCMS*, v. 44, n. 4, p. 845-864, 2006.

em que a cooperação entre os entes federativos é inviabilizada ou torna-se muito onerosa do ponto de vista dos custos de transação para os entes federativos e atores políticos.

Nesse sentido, torna-se relevante a investigação de como o federalismo germinou no Brasil e, em que medida, esse processo contribuiu para a ideologia do municipalismo autárquico, que constitui uma armadilha federativa que contamina a formação de arranjos associativos compulsórios – Regiões Metropolitanas e Aglomerações Urbanas – e voluntários – consórcios públicos.

1.2 Desenvolvimento da federação no Brasil e municipalismo autárquico

A instituição da federação no Brasil gerou o governo das oligarquias estaduais, como já apontava o jurista Hermes Lima em 1925.[70] Significa dizer que, embora liberal, o país era controlado por "um reduzido grupo de políticos em cada Estado".[71] Não existiam partidos nacionais, mas apenas partidos limitados a cada Estado.[72] O governo era das oligarquias e não dos cidadãos.

O controle das oligarquias estaduais soa contraditório ao modelo liberal de democracia representativa instituído pela Constituição de 1891. Se, na monarquia, a legitimidade se assentava nos aspectos hereditários e em fatores de atribuição divina, a nascente república teve que incorporar elementos típicos de uma democracia liberal representativa a fim de justificar o exercício do poder político.

E a explicação da predominância de um governo das oligarquias e não dos cidadãos reside na adequada compreensão de como se deu o implante de um regime democrático representativo em uma sociedade agrária e que, recentemente, tinha abolido o sistema escravocrata. Nesse aspecto, o coronelismo, na perspectiva

---

[70] LIMA, Hermes. *O art. 6º da Constituição*. Bahia: Imprensa Oficial do Estado, 1925. p. 10.

[71] FAUSTO, Boris. *História do Brasil*. São Paulo: Editora Universidade de São Paulo; Fundação para o Desenvolvimento para a Educação, 2001. p. 261.

[72] *Ibid.*, p. 261.

cunhada por Victor Nunes Leal, é paradigmático para a compreensão dessa realidade, uma vez que define coronelismo como

> resultado da superposição de formas desenvolvidas do regime representativo a uma estrutura econômica e social inadequada. Não é, pois, mera sobrevivência do poder privado, cuja hipertrofia constitui fenômeno típico de nossa história colonial. É antes uma forma peculiar de manifestação do poder privado, ou seja, uma adaptação em virtude da qual os resíduos do nosso antigo e exorbitante poder privado têm conseguido coexistir com um regime político de extensa base representativa.[73]

O Brasil de então era um país continental, os meios de comunicação eram escassos, a população era majoritariamente rural, recém-liberta e miserável e o Poder Público quase não tinha presença no interior. O arranjo institucional que surgiu foi a relação entre entes autônomos fortes, os governadores, e os coronéis, o poder privado decadente, mas ainda presente e atuante nas comunidades rurais.[74] A aliança dos governadores com os coronéis era imprescindível, pois o coronel comandava discricionariamente um lote de votos de cabresto, em um sistema eleitoral no qual o voto não era secreto.[75] Nesse cenário, mesmo existindo o requisito de alfabetização para ser eleitor, o "roceiro que rabisca ou reproduz garranchos" atendia à exigência legal, o que explica a maior parte do eleitorado ser encontrada na zona rural e não na zona urbana[76] e, por consequência, evidencia a importância política dos coronéis.

E o coronelismo se relacionava com a denominada política dos governadores, demonstrando como o poder político circulava do plano nacional ao plano local na nascente Federação brasileira, como expõe com clareza Nunes Leal:

> Não temos a menor preocupação de acusar ou inocentar Campos Sales, mas talvez fosse mais apropriado dizer-se não que ele criou, mas que de certo modo institucionalizou a política dos governadores. A base dessa política era o domínio dos governadores sobre o voto, por isso

---

[73] LEAL, Victor Nunes. *Coronelismo, enxada e voto*: o município e o regime representativo no Brasil. 7. ed. São Paulo: Companhia das Letras, 2012. E-book.

[74] *Ibid.*

[75] *Ibid.*

[76] *Ibid.*

procurou o presidente compor-se com eles para evitar o caminho das intervenções. Esse domínio baseava-se no compromisso com os chefes locais, porque, abolida a escravidão e incorporados os trabalhadores rurais ao corpo de eleitores, aumentara a importância eleitoral dos donos de terras. Por outro lado, sendo eletivos os governadores, melhorava muito sua posição política em face do governo central. Entretanto, o controle das urnas pelo governo através dos chefes municipais e com o auxílio da fraude, da violência e das dádivas, não era um fato novo surgido com no governo de Campos Sales. Já vinha do Império, onde os presidentes de província quase sempre tinham por função precípua ganhar as eleições. A essa época, entretanto, não se fazia necessária uma composição mais ampla e sólida por parte do Governo Geral, porque os presidentes eram de sua livre nomeação e demissão. Se, mais tarde, um conflito entre um governo estadual e o federal só poderia removido pelo acordo, pela intervenção ou pela revolução, no Império, um simples decreto poria no lugar o delegado mais capaz de trazer ao Parlamento os deputados preferidos pelo Gabinete do dia.[77]

Apesar da engrenagem entre coronelismo e política dos governadores, ainda assim as fraudes eleitorais nos Estados eram comuns nessa época. As disputas entre as oligarquias dos Estados da Federação ocasionavam ensejo à prática de fraudes eleitorais por quem estava no exercício do cargo de governador.

Se, de um lado, existia a política dos governadores frente ao Executivo federal, é importante entender como ocorria a relação entre poder estadual e poder local, isto é, entre Estados e os Municípios. Os Municípios não tinham autonomia legal, mas os chefes municipais governistas gozavam de uma ampla autonomia "extralegal",[78] pois se estabelecia uma relação de aliança entre governador e chefe do Município, na qual os recursos financeiros e as nomeações para os cargos públicos locais eram atendidos de acordo com a conveniência dessa aliança. Nessa dinâmica, os coronéis prestavam apoio incondicional aos candidatos do oficialismo nas eleições estaduais em troca de carta branca ao chefe local governista (de preferência o líder da facção majoritária) em todos os assuntos do Município.[79] É por esse motivo que Victor Nunes Leal afirma que

---

[77] *Ibid.*
[78] *Ibid.*
[79] *Ibid.*

CAPÍTULO 1
ARMADILHAS FEDERATIVAS | 37

o coronelismo era a expressão de um poder privado decadente, pois apoiado sobre uma instável relação com os governadores.

A compreensão dessa dinâmica entre poder estadual e poder local é importante porque provavelmente foi um dos principais motivos para o forte movimento municipalista que marca a história institucional brasileira. Nunes Leal aponta que a falta de autonomia municipal era um problema institucional, na medida em que fragilizava o sistema representativo, pois tornava o governo municipal refém do poder estadual. Nunes Leal explica esse aspecto do seguinte modo:

> Opera-se, pois, uma curiosa inversão no exercício da autonomia local. Se garantida juridicamente contra as intromissões do poder estadual e assentada em sólida base financeira, a autonomia do município seria naturalmente exercida no regime representativo, pela maioria do eleitorado, através de seus mandatários nomeados nas urnas. Mas com a autonomia legal cerceada por diversas formas, o exercício de uma autonomia extralegal fica dependendo inteiramente das concessões do governo estadual. Já não será um direito da maioria do eleitorado; será uma dádiva do poder. E uma doação ou delegação dessa ordem beneficiará necessariamente aos amigos do situacionismo estadual, que porventura estejam com a direção administrativa do município.[80]

Nunes Leal faz um registro sobre as oscilações históricas da questão da autonomia municipal até 1946 e afirma que os resultados do novo municipalismo eram uma questão em aberto que só o tempo diria.[81] O tempo falou e, com a Constituição de 1988, é inequívoco que o municipalismo atingiu o seu ápice, uma vez que o Município foi erigido à condição de ente federativo,[82] uma vez que restou assegurada a sua autonomia política, administrativa e financeira.

A implantação de um modelo de democracia liberal sobre uma base social marcada por fortes desigualdades não produziu, inicialmente, a vantagem dos freios e contrapesos, isto é, de os

---

[80] *Ibid.*
[81] *Ibid.*
[82] BONAVIDES, Paulo. *Curso de direito constitucional.* 15. ed. São Paulo: Editora Malheiros, 2004. p. 345; SILVA, José Afonso da. *Curso de direito constitucional positivo.* 25. ed. rev. e atual. São Paulo: Editora Malheiros, 2005. p. 639; FERREIRA FILHO, Manoel Gonçalves. *Curso de direito constitucional.* 38. ed. rev. e atual. São Paulo: Editora Saraiva, 2012.

poderes e os entes da federação mutuamente se limitarem e controlarem. O resultado foi o coronelismo e a política dos governadores que gerou o governo das oligarquias. Assim, o movimento municipalista foi uma luta também de viabilização da própria democracia representativa no Brasil.

Ao lado do movimento municipalista, a forte desigualdade social do Brasil gerou a necessidade da configuração constitucional de um Estado Social já na década de 1930, com a Constituição de 1934. Segundo Bonavides, teríamos a terceira fase do nosso constitucionalismo, marcado por influência germânica, especialmente da Constituição de Weimar.[83] As Constituições de 1934, 1946 e 1988 situam-se nesse âmbito de influência germânica, sendo cartas que almejavam implantar um Estado Social.

A instituição de um Estado Social apresenta desafios ao federalismo brasileiro. Argumenta-se que o Estado Social seria antagônico a um Estado Federal, na medida em que o objetivo do Estado Social é distribuir direitos sociais de maneira equânime e uniforme em todo o território, enquanto o Estado Federal privilegia a diversidade, e não a uniformidade.[84]

Bercovici, por outro lado, argumenta asseverando que as políticas públicas previstas constitucionalmente não tornam incompatível Estado Social e Estado Federal, na medida em que, na realidade, o Estado Social opera uma remodelação no Estado Federal para um federalismo cooperativo, capaz de atender as exigências de planejamento, intervenção e implementação de políticas públicas. Distingue ainda centralização e homogeneização do seguinte modo:

> Esta unidade de atuação não significa, necessariamente, centralização. Precisamos, antes de mais nada diferenciar centralização de homogeneização. Com a centralização há a concentração de poderes na esfera federal, debilitando os entes federados em favor do poder central. Já a homogeneização (*Unitarisierung*, uniformização) é baseada na cooperação, pois se trata do processo de redução das desigualdades regionais

---

[83] BONAVIDES, Paulo. *Curso de direito constitucional*. 15. ed. São Paulo: Editora Malheiros, 2004. p. 366-370.

[84] OBINGER, Herbert; LEIBFRIED, Stephan; CASTLES, Francis G. Introduction: Federalism and the WELFARE STATE. In: OBINGER, Herbert; LEIBFRIED, Stephan; CASTLES, Francis G. (Ed). *Federalism and the Welfare State*: New World and European Experiences. Cambridge, UK: Cambridge University Press, 2005. p. 2.

em favor de uma progressiva igualação das condições sociais de vida em todo o território nacional. A homogeneização não é imposta pela União, mas é resultado da vontade de todos os membros da Federação.[85]

Ainda almejando a compatibilidade entre Estado Social e Estado Federal, Arrethce argumenta no sentido de que a forma federativa é normalmente utilizada para sociedades marcadas por clivagens étnicas e religiosas; enquanto, no Brasil, a adoção da federação estaria vinculada à existência de unidades subnacionais ricas e pobres.[86] Nessa linha de raciocínio, afirma também que a atuação homogeneizadora da União para implantação de políticas sociais seria explicada pelo sentimento de pertencimento à comunidade nacional única e pela desconfiança em relação às elites locais.[87]

A relação entre Estado Social e Estado Federal é complexa e será analisada no item 4 quando se tratar de competências entrelaçadas e Regiões Metropolitanas. Neste momento, assinale-se a posição do Município nesse arranjo entre Estado Social e Estado Federal. O forte movimento municipalista criou um municipalismo autárquico, cuja concepção é a crença na capacidade de o Município isoladamente executar todas as políticas públicas.[88] Evidentemente, essa ideologia é uma falácia, na medida em que os Municípios têm limites operacionais e financeiros, assim como também em virtude da própria natureza dos problemas a serem enfrentados que não obedecem aos limites territoriais dos entes municipais, tais como o de saneamento básico.

É importante assinalar que, mais do que uma ideologia, o municipalismo autárquico não é um comportamento atávico, mas o produto de incentivos e estímulos para a atuação isolada dos

---

[85] BERCOVICI, Gilberto. *Dilemas do estado federal brasileiro*. Porto Alegre: Livraria do Advogado, 2004. p. 57.

[86] ARRETCHE, Marta. Federalismo e igualdade territorial: uma contradição em termos?. *DADOS – Revista de Ciências Sociais*, Rio de Janeiro, v. 53, n. 3, p. 589, 2010º.

[87] *Ibid.*, p. 589-560.

[88] ABRUCIO, Fernando Luiz; SANO, Hironobu; SYDOW, Cristina Toth. Radiografia do associativismo territorial brasileiro: tendências, desafios e impactos sobre as regiões metropolitanas. In: KLINK, Jeroen (Org.). *Governança das metrópoles*: conceitos, experiências e perspectivas. São Paulo: Annablume, 2010. p. 23-24.

entes municipais.[89] Um desses incentivos é a dimensão fiscal. Na década de 1990, os estímulos fiscais foram no sentido de criação de Municípios e pulverização dos recursos financeiros, tornando ainda mais complexa a gestão de serviços públicos. Compreender essa dimensão do federalismo fiscal é importante porque os incentivos financeiros foram para a cisão de Municípios e não para a fusão ou associação entre Municípios, o que, combinado com a ideologia do municipalismo autárquico, produziu resultados desastrosos.

Além disso, o Fundo de Participação dos Municípios – FPM, que tem como finalidade a promoção do equilíbrio socioeconômico entre Municípios, não tem atingido a sua finalidade. A dimensão do federalismo fiscal é peça chave para o equilíbrio entre Estado Federal e Estado Social no âmbito das relações federativas municipais.

1.3 Federalismo fiscal e municipalismo autárquico

O Estado Federal caracteriza-se pela técnica da repartição de competências legislativas e administrativas, por meio da qual se delimita o âmbito de atuação de cada um dos entes da Federação. Trata-se de tema comum aos constitucionalistas. Entretanto, o verso da moeda da técnica de repartição de competências é a técnica de repartição de receitas ou rendas. A atribuição de competências legislativas e administrativas deve implicar a disponibilidade de recursos financeiros compatíveis, sob pena de aniquilamento da autonomia dos entes da Federação.[90] O estudo dessa equação financeira se denomina de federalismo fiscal.

A técnica de repartição de receitas envolve a repartição horizontal e vertical. A repartição horizontal é a delimitação de porção da matéria tributável a um ente da federação que aufere recursos de maneira exclusiva. Argumenta-se seja a técnica preferível porque

---

[89] ABRUCIO, Fernando Luiz; SANO, Hironobu; SYDOW, Cristina Toth. Radiografia do associativismo territorial brasileiro: tendências, desafios e impactos sobre as regiões metropolitanas. In: KLINK, Jeroen (Org.). *Governança das metrópoles*: conceitos, experiências e perspectivas. São Paulo: Annablume, 2010. p. 23-24.

[90] FERREIRA FILHO, Manoel Gonçalves. *Curso de direito constitucional*. 38. ed. rev. e atual. São Paulo: Editora Saraiva, 2012. p. 88.

CAPÍTULO 1
ARMADILHAS FEDERATIVAS | **41**

imuniza o ente da federação da ingerência de outro.[91] Todavia, a técnica da repartição horizontal apresenta limitações, pois desconsidera as disparidades das situações sociais e econômicas do território. Esse inconveniente se acentuou com o surgimento do Estado Social e, por seu turno, com a necessidade de prestação de serviços públicos equânimes a toda a população. Desse modo, ao lado da técnica horizontal, foi incorporada uma técnica vertical de repartição de receitas, cuja sistemática é a de que uma parcela de produtos de tributos de um ente da federação seja redistribuída a outro ente da federação, o que é criticado por colocar a União em posição proeminente.[92] Essa repartição vertical se denomina de transferências constitucionais obrigatórias.[93]

As transferências obrigatórias apresentam vantagens e desvantagens. As vantagens são a eficiência arrecadatória e o financiamento da prestação de serviços públicos equânimes.[94] É mais eficiente, do ponto de vista da arrecadação tributária, que a União disponha de uma base tributária mais ampla, na medida em que se tem o ganho de escala, assim como o ente central dispõe de um poder de fiscalização maior em razão de o poder de polícia abranger todo o território nacional. Esse último motivo tem-se revelado importantíssimo, na medida em que a dinâmica de circulação de pessoas e bens alterou-se profundamente com o avanço da tecnologia nas sociedades modernas.

A outra vantagem é o financiamento da prestação de serviços públicos equânimes. O caso do Sistema Único de Saúde é paradigmático sobre esse aspecto. A Constituição Federal de 1988 assegurou o direito à saúde (art. 6º e art. 196 da CF) e veiculou como dever do Estado a prestação do serviço público de saúde, ou seja, é da competência comum de todos os entes da Federação. Por esse motivo, é incontroversa no Brasil a impossibilidade de uma unidade subnacional (Estado-membro ou Município) recusar o atendimento a

---

[91] *Ibid.*, p. 89.
[92] *Ibid.*, p. 91.
[93] As transferências obrigatórias têm assento nos arts. 157-162 da Constituição Federal, bem como existem também as transferências voluntárias, conforme estipulado no art. 25 da Lei de Responsabilidade Fiscal.
[94] REZENDE, Fernando. *A reforma tributária e a federação.* Rio de Janeiro: Editora FGV, 2009. p. 45.

um cidadão, alegando que somente pode atender os seus residentes, que são os que financiam o serviço público.

As desvantagens são a perda de *accountability*[95] e o incremento do gasto público de maneira ineficiente. A primeira desvantagem é o esvaecimento da relação entre contribuinte e usuário de serviço público e atividades públicas. O sistema de transferência constitucional torna mais difícil o contribuinte identificar que os recursos financeiros repassados diretamente (arts. 157 e 158 da CF) ou mediante transferências de fundos constitucionais (FPE e FPM – arts. 159-162 da CF) são pertencentes à sociedade. Se o poder de tributar está perto do poder de gastar, a influência do eleitorado sobre a qualidade do gasto público é maior.[96]

A outra desvantagem é o incremento do gasto público de maneira ineficiente, uma vez que as transferências incentivam a expansão do gasto, a queda na qualidade desse gasto e um menor esforço de arrecadação tributária pelos Estados e Municípios.[97] Os economistas apresentam duas explicações para esse fenômeno que, à princípio, não seriam excludentes. A primeira é a desconexão entre contribuinte e usuário de serviço público, isto é, quem financia parte do serviço público da localidade são contribuintes de outras unidades da federação. Além disso, como existem transferências obrigatórias, os agentes políticos das unidades subnacionais (Estados e Municípios) não têm estímulos eleitorais para um maior esforço fiscal, ou seja, aumentar os tributos sobre a sua base de arrecadação. A segunda é que os burocratas e políticos têm preferências diferentes das dos contribuintes, pois tendem a dispender recursos públicos com o custeio da máquina pública e outras obras desnecessárias.[98]

---

[95] A respeito do problemático conceito de *accountability*, conferir PINHO, José Antônio Gomes de; SACRAMENTO, Ana Rita Silva. *Accountability*: já podemos traduzi-la para o português?. *Revista de Administração Pública – RAP*, Rio de Janeiro, v. 43, n. 6, p. 1343-1368, nov./dez. 2009.

[96] REZENDE, Fernando. *A reforma tributária e a federação*. Rio de Janeiro: Editora FGV, 2009. p. 95-96.

[97] GASPARINI, Carlos Eduardo; COSSIO, Fernando Andrés Blanco. Transferências intergovernamentais. In: MENDES, Marcos (Org.). *Gasto público eficiente*: 91 propostas para o desenvolvimento do Brasil. Rio de Janeiro: Topbooks, 2006. p. 178.

[98] *Ibid.*, p. 179-180.

CAPÍTULO 1
ARMADILHAS FEDERATIVAS | 43

Por essa razão, criaram-se mecanismos para atenuar essas desvantagens. A Lei de Responsabilidade Fiscal (Lei Complementar nº 101/2000) desempenha um importante papel nesse sentido quando, por exemplo, proíbe transferências voluntárias sem o efetivo exercício de competência tributária própria (art. 11), fixa limites de despesa com pessoal, cria mecanismos de controle de gastos (arts. 19-20 e 23) e proibições de receber transferências voluntárias (art. 25).

Outros mecanismos são os programas nacionais, as transferências com contrapartida e a vinculação de receitas nos orçamentos subnacionais. Os programas nacionais são associados à prestação de serviços públicos equânimes, nos quais o ente central (União) financia parte dos custos e define os padrões de qualidade do serviço público; enquanto as unidades subnacionais são responsáveis pela execução do serviço público. No Brasil, o exemplo clássico e mais bem-sucedido é o do Sistema Único de Saúde – SUS.[99]

As transferências com contrapartidas são um mecanismo por meio do qual se induz a unidade subnacional (Estados-membros e Municípios) a realizar um esforço fiscal, na medida em que o ente central (União) financia apenas parte dos custos dos projetos, obras e serviços públicos; cabendo aos entes subnacionais financiarem o restante. Esse modelo é explicado do seguinte modo:

> Um modelo alternativo, distinto sob esse ponto de vista, é aquele predominantemente utilizado nos EUA, lá chamado *matching grants*, o que podemos traduzir aproximadamente como "transferências sujeitas a contrapartida". Essa é uma opção onde a transferência vinculada se caracteriza pela focalização. O governo central transfere o recurso sujeito a um aporte de recursos próprios do governo subnacional. Isso pode significar que o governo central paga uma parte dos gastos em um projeto, em moldes semelhantes ao método de financiamento adotado por entidades multilaterais como BID ou Bird. Outra possibilidade, mais característica desse método, consiste no governo central pagar uma parte do custo (preço unitário) da provisão de um determinado serviço, sendo o governo subnacional forçado a aportar o restante.[100]

---

[99] FÓRUM FISCAL DOS ESTADOS BRASILEIROS. *Transferências intergovernamentais na federação brasileira: avaliação e alternativas de reforma*. São Paulo: Fundação Getúlio Vargas, 2006. (Caderno Fórum Fiscal, 6).º p. 245.

[100] FÓRUM FISCAL DOS ESTADOS BRASILEIROS. *Transferências intergovernamentais na federação brasileira*: avaliação e alternativas de reforma. São Paulo: Fundação Getúlio Vargas, 2006. (Caderno Fórum Fiscal, 6). p. 246-247.

O último mecanismo é a vinculação de receitas dos orçamentos subnacionais, o que constitui algo clássico no Brasil, porquanto a Constituição Federal fixa o percentual de gasto obrigatório com saúde e educação. Esse mecanismo, embora goze de grande prestígio entre a população e, em certa medida, fortaleça a autonomia dos entes da Federação, apresenta desvantagens também, pois pode acentuar os desequilíbrios regionais em vez de atenuá-los. Confira-se:

> Na situação resultante desse modelo, cada governo subnacional irá dedicar ao setor, necessariamente, um volume de recursos proporcional ao seu próprio orçamento. Governos ricos serão obrigados a um gasto per capita, provavelmente, mais alto do que governos pobres, embora isso dependa do perfil populacional. Se existirem mecanismos de equalização, as diferenças em capacidade de gasto não são eliminadas, embora reduzidas.
>
> É evidente, portanto, que a vinculação orçamentária do GSN ignora as diferenças em capacidade de gasto, decorrentes das diferenças de capacidade econômica.[101]

Nesse amplo contexto de mecanismos de transferências de recursos financeiros, destaque-se o Fundo de Participação dos Municípios – FPM, uma vez que a finalidade do FPM é "promover o equilíbrio socioeconômico entre Estados e entre Municípios" (art. 161, inciso II da CF), porquanto o funcionamento do FPM influencia a prestação de serviços públicos pelos Municípios. É fundamental para a compreensão do impacto do FPM no financiamento de serviços públicos é entender quais são os critérios de rateio do fundo entre os Municípios.

Antes, contudo, esclareça-se que o FPM, bem como o FPE, são como "contas-correntes", isto é, destinam-se apenas à função de recolher os recursos financeiros para posterior distribuição de acordo com os critérios de rateio fixados em lei complementar. Portanto, não tem personalidade jurídica.[102]

Segundo os economistas, o critério de rateio dos recursos financeiros do FPM deveria seguir uma racionalidade orientada pela diretriz constitucional de promover o equilíbrio entre os Estados e

---

[101] *Ibid.*, p. 248.
[102] FIORENTINO, Luiz Carlos Fróes del. *As transferências intergovernamentais no federalismo fiscal brasileiro*. 2010. 241 f. Dissertação (Mestrado em Direito Econômico e Financeiro) – Faculdade de Direito, Universidade de São Paulo, São Paulo, 2010. p. 144.

Municípios, o que significaria privilegiar os Municípios com baixa receita e alta pressão por gastos. Daí a expectativa seria que "a partilha do FPM beneficie os municípios do Norte e do Nordeste (regiões menos desenvolvidas) e as cidades mais populosas. Mas o que ocorre, na realidade, é exatamente o oposto".[103]

A constatação empírica é de que os recursos do FPM não são destinados predominantemente aos municípios mais pobres, tampouco aos municípios que têm alta pressão por gastos, os quais são os mais populosos e, geralmente, têm que lidar com a gestão de serviços públicos integrando os municípios limítrofes. A razão é a fórmula de cálculo do rateio.

O critério é definido pelo art. 91 do Código Tributário Nacional – CTN. O inciso I do art. 91 do CTN estipula que 10% dos recursos devem ser atribuídos aos Municípios das capitais dos Estados. Esse critério por si só já é problemático porque considera apenas o fato de ser capital de Estado. Desconsidera-se a existência de capitais com pequena população e sem problemas de demanda por serviços públicos, tratando, igualmente, realidades inteiramente distintas. Os outros 90% dos recursos são distribuídos entre os outros Municípios (inciso II do art. 91 do CTN), adotando-se o critério populacional instituído no §2º do art. 91 do CTN.

Esse critério de distribuição tem como premissa duas falácias. A primeira falácia é de que Município pequeno é município pobre. A segunda falácia é de que município pequeno é Município nordestino. Essas premissas não se demonstram empiricamente.[104] Daí que a lógica do FPM é reversa à sua instituição, na medida em que não equaliza as relações federativas, mas amplia o fosso entre Norte e Sul.

Além disso, o critério de distribuição fixado a partir de um número de habitantes por Município incentivou a criação e desmembramento de Municípios, uma vez que um Município com 500 habitantes recebe o mesmo aporte de recursos que um Município com 10.000 habitantes.[105]

---

[103] GASPARINI, Carlos Eduardo; COSSIO, Fernando Andrés Blanco. Transferências intergovernamentais. In: MENDES, Marcos (Org.). *Gasto público eficiente*: 91 propostas para o desenvolvimento do Brasil. Rio de Janeiro: Topbooks, 2006. p. 184-185.

[104] *Ibid.*, p. 187-188.

[105] *Ibid.*, p. 188.

Em razão dessa sistemática de rateio, ocorreu uma febre de criação de municípios na década de 1990 que somente foi contida pela Emenda Constitucional nº 15/96, que alterou o regime jurídico para o Estado-membro criar Municípios.[106] Todavia, a proliferação de Municípios teve como resultado a ineficiência do gasto público e a dispersão dos gastos públicos. A ineficiência do gasto público porque os novos Municípios tendem a aplicar os recursos financeiros com custeio (prefeitura, câmara de vereadores, burocracia estatal etc.). A dispersão de recursos públicos também compromete a prestação de serviços públicos, na medida em que, muitas vezes, a prestação de serviços públicos somente é viável com ganho de escala, como o caso da prestação de serviços de saúde em razão da necessidade de investimentos elevados em tecnologia.[107]

Essa dimensão fiscal do FPM, combinada com a ideologia do municipalismo autárquico, implicou a dispersão de recursos financeiros, a distribuição de recursos financeiros de maneira não equânime e a ausência de incentivos para os Municípios atuarem conjuntamente sob a forma de Aglomerações Urbanas e Regiões Metropolitanas. A Emenda Constitucional nº 15/1996 estancou a sangria de recursos financeiros, porém não promoveu incentivos financeiros para a associação e atuação cooperativa entre Municípios, especialmente, na consecução das funções públicas de interesse comum, cujo fundamento constitucional é o das competências comuns.

---

[106] "Art. 18. A organização político-administrativa da República Federativa do Brasil compreende a União, os Estados, o Distrito Federal e os Municípios, todos autônomos, nos termos desta Constituição. §1º Brasília é a Capital Federal. §2º Os Territórios Federais integram a União, e sua criação, transformação em Estado ou reintegração ao Estado de origem serão reguladas em lei complementar. §3º Os Estados podem incorporar-se entre si, subdividir-se ou desmembrar-se para se anexarem a outros, ou formarem novos Estados ou Territórios Federais, mediante aprovação da população diretamente interessada, através de plebiscito, e do Congresso Nacional, por lei complementar. §4º A criação, a incorporação, a fusão e o desmembramento de Municípios, far-se-ão por lei estadual, dentro do período determinado por Lei Complementar Federal, e dependerão de consulta prévia, mediante plebiscito, às populações dos Municípios envolvidos, após divulgação dos Estudos de Viabilidade Municipal, apresentados e publicados na forma da lei. (Redação dada pela Emenda Constitucional nº 15, de 1996)'".

[107] TEIXEIRA, Luciana; MAC DOWELL, Maria Cristina; BUGARIN, Maurício. (2001), Incentivos em consórcios intermunicipais de saúde: uma abordagem de teoria de contratos. In: ENCONTRO NACIONAL DE ECONOMIA, 29., 2001, Niterói. Anais... Niterói: Associação Nacional dos Centros de Pós-Graduação em Economia, 2001. p. 1.

1.4 Competências entrelaçadas e Regiões Metropolitanas

As competências comuns administrativas previstas no art. 23 da Constituição Federal constituem um tema de pesquisa jurídica ainda pouco explorado. Cunhou-se a expressão "competências entrelaçadas"[108] para enfatizar uma dimensão negligenciada pelos operadores do Direito: a de que o exercício das competências comuns administrativas opera por meio de uma dinâmica relação entre os entes da federação de tal maneira que as políticas públicas são construídas entrelaçadamente, o que, muitas vezes, dificulta-se identificar onde começa e termina a responsabilidade de cada ente federativo. A Ciência Política tem se debruçado sobre essa dimensão negligenciada pelos operadores do Direito, de tal sorte que o socorro aos aportes teóricos desse campo do conhecimento é inevitável.

Nesse contexto de competências entrelaçadas, destaque-se a armadilha do federalismo coercitivo que deve ser compreendida como a capacidade financeira dos governos federais de influenciar e conformar as políticas públicas das unidades subnacionais.[109] A influência do governo federal não ocorre apenas pelo aspecto do financiamento das políticas públicas, mas também pelo da elaboração da legislação.[110] O federalismo coercitivo implicaria a diminuição da autonomia das unidades subnacionais. Em síntese, o federalismo coercitivo significa uma variação do problema da relação entre Estado Federal e Estado Social, na medida em que o acesso a direitos sociais de maneira universal e equânime impõe a necessidade de regulação federal sobre todo o território nacional.

Entretanto, Arretche realiza uma outra leitura desse fenômeno, afirmando que o binômio regulação federal/execução das

---

[108] A expressão "competências entrelaçadas" foi inspirada em SCHARPF, Fritz W. *Föderalismus Reform*: *Kein Ausweg aus der Politikverflechtungsfalle?* Frankfurt am Main: Campus Verlag GmbH, 2009, que emprega o termo "política entrelaçada" para analisar o federalismo alemão.

[109] WATTS, Ronald L. Origins of Cooperative and Competitive Federalism. In: GREER, Scott L. (Ed.). *Territory, Democracy, and Justice*: Regionalism and Federalism in Western Democracies. Palgrave Macmillan: New York, 2006. p. 212.

[110] FRANZESE, Cibele. *Federalismo cooperativo no Brasil*: da Constituição de 1988 aos sistemas de políticas públicas. 2010. 210 f. Tese (Doutorado em Administração Pública e Governo) – Escola de Administração de Empresas de São Paulo, Fundação Getúlio Vargas, 2010. p. 74-76.

políticas públicas pelas outras unidades subnacionais não significa necessariamente a perda de autonomia dos entes subnacionais em favor do governo federal. Nas suas palavras,

> Assim, em vez de um jogo de soma zero, a combinação de regulação federal com a possibilidade de discordância por parte das unidades constituintes implica uma limitação ao pleno exercício da discordância. Isto é, a extensão da discordância tende a ser constrangida pela regulação federal, ao passo que a possibilidade de discordância explica as diferenças entre as jurisdições. A regulação federal opera no sentido da uniformidade, ao passo que a autonomia local opera no sentido da variação. Nessas condições, isto é, na presença simultânea de regulação federal e a autonomia local, a desigualdade entre jurisdições tende a ser delimitada, tende a variar no interior de certos intervalos. Na presença das duas condições, a desigualdade territorial tende a ser limitada.[111]

Dessa maneira, para Arretche, a regulação federal não significa necessariamente supressão da autonomia das unidades subnacionais, na medida em que a regulação federal uniformiza e a autonomia local tem aptidão para modificar o modo de execução da política pública fixada no âmbito federal.

Nesse sentido, em outro estudo, Arretche examina as políticas públicas federais reguladas e as não reguladas. Indica como reguladas a política pública de saúde e de educação. Como não regulada, isto é, as políticas públicas cujo poder de decisão encontra-se vinculado às unidades subnacionais, aponta as políticas de desenvolvimento urbano, mais especificamente, habitação, infraestrutura urbana e transporte público.[112] A conclusão da autora é de que as políticas públicas reguladas têm prioridade de gasto pelas unidades subnacionais, enquanto as políticas públicas não reguladas não têm prioridade de gasto pelas unidades subnacionais.[113]

Curiosamente, as políticas públicas não reguladas estudadas pela autora estão intimamente relacionadas com problemas de gestão urbana e, por seu turno, de gestão metropolitana. Sobre esse aspecto,

---

[111] ARRETCHE, Marta. *Democracia, federalismo e centralização no Brasil.* Rio de Janeiro: Editora FGV, Editora Fiocruz, 2012. p. 200.

[112] ARRETCHE, Marta. Federalismo e igualdade territorial: uma contradição em termos?. *DADOS – Revista de Ciências Sociais*, Rio de Janeiro, v. 53, n. 3, p. 603, 2010º.

[113] *Ibid.*, p. 607.

poderia se indagar então se, em vez de armadilha, a regulação federal e estadual poderia se constituir em alternativa para a superação dos problemas de gestão metropolitana. Garsol pondera que os custos de transação nas regiões metropolitanas podem ser reduzidos em virtude de regulação federal e estadual, porém podem ter o efeito oposto, desestimulando a cooperação.[114] Daí que a regulação federal e estadual pode ser incentivo à consecução da política pública ou constituir armadilha por desestimular a cooperação.

Além do federalismo coercitivo, o exercício das competências entrelaçadas tem criado o federalismo executivo, que significa a preponderância do Poder Executivo sobre o Poder Legislativo, na medida em que as relações intergovernamentais tendem a produzir acordos nos quais o Poder Legislativo é indiferente ou que recebem apenas a sua chancela.[115]

Inicialmente, apontava-se que o federalismo executivo seria típico de regime parlamentarista, porém constatou-se a sua existência em regimes presidencialistas, como o caso dos Estados Unidos.[116] A principal característica desse federalismo executivo é a deliberação e construção de políticas públicas mediante reuniões, conferências e encontros entre os representantes do Poder Executivo das unidades federativas.[117] A principal crítica ao federalismo executivo é o insulamento das decisões e o comprometimento da *accountability*, que é explicada por Franzese do seguinte modo:

> A principal crítica ao federalismo executivo é, novamente, a falta de *accountability*. As decisões tomadas entre executivos tendem a ser mais insuladas e dificultam o debate e a participação da sociedade. O resultado disso é que os governos tendem a decidir em benefício de seu próprio interesse e não de acordo com o que seria melhor para os cidadãos (CAMERON; SIMEON, 2002). Além disso, nos sistemas presidencialistas, o afastamento do Legislativo da discussão

---

[114] GARSON, Sol. *Regiões Metropolitanas*: por que não cooperam? Rio de Janeiro: Letra Capital / Observatório das Metrópoles; Belo Horizonte: PUC, 2009. p. 77.

[115] WATTS, Ronald L. Origins of Cooperative and Competitive Federalism. In: GREER, Scott L. (Ed.). *Territory, Democracy, and Justice*: Regionalism and Federalism in Western Democracies. Palgrave Macmillan: New York, 2006. p. 211.

[116] FRANZESE, Cibele. *Federalismo cooperativo no Brasil*: da Constituição de 1988 aos sistemas de políticas públicas. 2010. 210 f. Tese (Doutorado em Administração Pública e Governo) – Escola de Administração de Empresas de São Paulo, Fundação Getúlio Vargas, 2010. p. 72-74.

[117] *Ibid.*, p. 72.

compromete o mecanismo de *checks and balances* tão caro ao desenho institucional norte-americano.[118]

No Brasil, o federalismo executivo tem se reproduzido de maneira intensa pela formação dos chamados sistemas nacionais, cujo paradigma é o Sistema Único de Saúde – SUS. A construção institucional do SUS, isto é, das relações federativas, ocorreu de uma maneira centralizadora a partir de portarias do Ministério da Saúde, o que implicou uma "descentralização tutelada" e a ideia de que o SUS estava sendo "esculpido a golpes de portaria".[119] É problemática a relação entre os entes da Federação e o déficit de democracia no nascedouro da construção do SUS. Recentemente, evoluiu-se para a construção de redes interfederativas e contratos interfederativos, mas ainda com pouca densidade jurídica.[120]

Por meio da Lei nº 12.466/2011, incorporou-se na Lei nº 8.080/90 – Lei Orgânica da Saúde, a prática administrativa de deliberação e construção da política pública de saúde mediante Comissões Intergestores Bipartite e Tripartite, assim como reconheceu-se a existência do Conselho Nacional de Secretários de Saúde – CONASS e do Conselho Nacional de Secretarias Municipais de Saúde – CONASEMS.[121]

---

[118] *Ibid.*, p. 74.

[119] ROMERO, Luiz Carlos. Federalismo e responsabilidade sanitária (percalços da construção de um sistema único de saúde em um estado federado). In: ROMERO, Luiz Carlos; DELDUQUE, Maria Célia (Org.). *Estudos de Direito Sanitário*: a produção normativa e saúde. Brasília: Senado Federal; Subsecretaria de Edições Técnicas, 2011. v. 1, p. 86.

[120] *Ibid.*, p. 87-88.

[121] "Art. 14-A. As Comissões Intergestores Bipartite e Tripartite são reconhecidas como foros de negociação e pactuação entre gestores, quanto aos aspectos operacionais do Sistema Único de Saúde (SUS). Parágrafo único. A atuação das Comissões Intergestores Bipartite e Tripartite terá por objetivo I – decidir sobre os aspectos operacionais, financeiros e administrativos da gestão compartilhada do SUS, em conformidade com a definição da política consubstanciada em planos de saúde, aprovados pelos conselhos de saúde; II – definir diretrizes, de âmbito nacional, regional e intermunicipal, a respeito da organização das redes de ações e serviços de saúde, principalmente no tocante à sua governança institucional e à integração das ações e serviços dos entes federados; III – fixar diretrizes sobre as regiões de saúde, distrito sanitário, integração de territórios, referência e contrarreferência e demais aspectos vinculados à integração das ações e serviços de saúde entre os entes federados. Art. 14-B. O Conselho Nacional de Secretários de Saúde (Conass) e o Conselho Nacional de Secretarias Municipais de Saúde (Conasems) são reconhecidos como entidades representativas dos entes estaduais e municipais para tratar de matérias referentes à saúde e declarados de utilidade pública e de relevante função social, na forma do regulamento. §1º O Conass e o Conasems receberão recursos do orçamento geral da União por meio do Fundo Nacional de Saúde, para auxiliar

A Comissão Intergestores Tripartite – CIT é composta por sete representantes indicados pelo Ministério da Saúde, sete pelo CONASS e sete pelo CONASEMS (Portaria nº 2.686/2011). Destaque-se a incorporação dos Municípios no processo de formulação e decisão sobre as políticas públicas que, tradicionalmente, no desenho institucional previsto na Constituição Federal, não pertencem a nenhuma arena decisória.[122] Outro aspecto relevante da CIT é de que as decisões não são por maioria, mas por consenso, refletindo um modelo de intensa negociação federativa e pactuação.[123] Dessa maneira, os Estados e os Municípios participam do processo de elaboração das normas infralegais do SUS, eliminando os problemas de legitimidade de uma legislação federal uniforme para todo o país. As Comissões Intergestores Bipartite – CIB replicam o modelo da CIT nos âmbitos dos Estados, sendo compostas por representantes dos Estados e dos Municípios.

Além disso, os Conselhos de Secretários de Saúde são apontados como exemplo de cooperação horizontal que têm demonstrado capacidade de se opor à esfera federal, modificando a agenda política e administrativa.[124] Abrucio e Sano indicam como exemplos dessa articulação horizontal, além dos Conselhos dos Secretários de Saúde, o Conselho Nacional de Política Fazendária, o Conselho de Secretários de Educação e o Conselho de Secretários de Administração Pública.[125]

O federalismo executivo com a formação dos sistemas nacionais tem se tornado uma tônica, como se demonstra com os exemplos do Sistema Único de Assistência Social – SUAS (Lei nº 8.472/1993), do Plano Nacional de Educação – PNE (Lei nº 13.005/2014) e do Sistema Nacional do Meio Ambiente – SISNAMA (Lei nº 6.938/81).

---

no custeio de suas despesas institucionais, podendo ainda celebrar convênios com a União. §2º Os Conselhos de Secretarias Municipais de Saúde (Cosems) são reconhecidos como entidades que representam os entes municipais, no âmbito estadual, para tratar de matérias referentes à saúde, desde que vinculados institucionalmente ao Conasems, na forma que dispuserem seus estatutos'".

[122] FRANZESE, Cibele. *Federalismo cooperativo no Brasil*: da Constituição de 1988 aos sistemas de políticas públicas. 2010. 210 f. Tese (Doutorado em Administração Pública e Governo) – Escola de Administração de Empresas de São Paulo, Fundação Getúlio Vargas, 2010. p. 170.

[123] *Ibid.*, p. 183-184.

[124] *Ibid.*, 187-188.

[125] SANO, Hironobu; ABRUCIO, Fernando Luiz. Federalismo e articulação intergovernamental: os conselhos de secretários estaduais. In: HOCHMAN, Gilberto (Org.) *Federalismo e políticas públicas no Brasil*. Rio de Janeiro: Editora Fiocruz, 2013. p. 213-246.

A realidade do federalismo executivo demonstra o fato de que o federalismo cooperativo extrapola em muito o texto constitucional que constitui apenas o esqueleto. O federalismo cooperativo é encarnado nos sistemas nacionais que são formados por normas legais e infralegais e encontros e redes formais e informais de deliberação. O insulamento decisório do federalismo executivo tem sido atacado mediante a participação da sociedade civil nas conferências e conselhos dos sistemas nacionais.[126] No caso das Regiões Metropolitanas, a tendência parece ser de um federalismo executivo, acompanhando-se o modelo que se vem reproduzindo no Brasil. O federalismo executivo tem a armadilha de insulamento, mas também apresenta as vantagens da coordenação e, no caso das Regiões Metropolitanas, a articulação horizontal entre os municípios pode ser uma alternativa para bloquear os excessos dos Estados na condução da política pública metropolitana, tal qual vem acontecendo com os Conselhos dos Secretários de Saúde. De qualquer modo, o federalismo executivo gera sérios prejuízos à *accountability*, que constitui uma armadilha federativa que merece análise mais detida.

O federalismo cooperativo é objeto de críticas por reduzir a *accountability*, na medida em que a criação de redes e relações intergovernamentais entre os vários entes da federação dificultam a identificação e imputação de responsabilidade. Alguns autores argumentam que o federalismo cooperativo seria uma espécie de conluio entre as unidades da federação que atuariam de maneira a satisfazer seus próprios interesses, esquecendo-se da sociedade. Advogam que o antídoto para esse mal seria o federalismo competitivo, no qual as unidades da federação teriam responsabilidades estanques, o que permitiria aos eleitores identificarem os governos mais eficientes, criando-se uma disputa.[127]

Realmente, o federalismo cooperativo com suas competências entrelaçadas torna difícil o chamado "voto retrospectivo", isto é, a possibilidade de o eleitor identificar o candidato ou o partido

---

[126] FRANZESE, Cibele. *Federalismo cooperativo no Brasil*: da Constituição de 1988 aos sistemas de políticas públicas. 2010. 210 f. Tese (Doutorado em Administração Pública e Governo) – Escola de Administração de Empresas de São Paulo, Fundação Getúlio Vargas, 2010. p. 178-179.

[127] WATTS, Ronald L. Origins of Cooperative and Competitive Federalism. In: GREER, Scott L. (Ed.). *Territory, Democracy, and Justice*: Regionalism and Federalism in Western Democracies. Palgrave Macmillan: New York, 2006. p. 211.

político que falhou na execução da política pública e puni-los nas urnas, na medida em que para o cidadão é extremamente complexo compreender a burocracia estatal.[128]

Aproveitando-se dessa dubiedade criada pelas competências entrelaçadas, os agentes políticos e a própria burocracia estatal tendem a utilizar-se do mecanismo de *blame avoidance* ou "jogo de empurra", isto é, a culpa pela falha da prestação no serviço público ou da execução de uma função pública é imputada a outra unidade da federação, evitando-se, assim, a responsabilização e produzindo mais confusão para o eleitor.[129]

Novamente, o SUS oferece um exemplo desse "jogo de empurra". No cenário de judicialização do direito à saúde, uma das questões apreciadas pelo Poder Judiciário é o da responsabilidade solidária dos entes da Federação. A tese fixada pelo Poder Judiciário foi de que o direito à saúde, em razão de envolver matéria de competência constitucional comum aos entes da Federação,[130] pode ser reivindicado em juízo à União, aos Estados-membros ou aos Municípios[131] sem a

---

[128] FRANZESE, Cibele. *Federalismo cooperativo no Brasil*: da Constituição de 1988 aos sistemas de políticas públicas. 2010. 210 f. Tese (Doutorado em Administração Pública e Governo) – Escola de Administração de Empresas de São Paulo, Fundação Getúlio Vargas, 2010. p. 71.

[129] *Ibid.*, p. 71.

[130] "Art. 23. É competência comum da União, dos Estados, do Distrito Federal e dos Municípios: (…) II – cuidar da saúde e assistência pública, da proteção e garantia das pessoas portadoras de deficiência; (…) Parágrafo único. Leis complementares fixarão normas para a cooperação entre a União e os Estados, o Distrito Federal e os Municípios, tendo em vista o equilíbrio do desenvolvimento e do bem-estar em âmbito nacional"".

[131] "RECURSO EXTRAORDINÁRIO COM AGRAVO (LEI Nº 12.322/2010) – CUSTEIO, PELO ESTADO, DE SERVIÇOS HOSPITALARES PRESTADOS POR INSTITUIÇÕES PRIVADAS EM BENEFÍCIO DE PACIENTES DO SUS ATENDIDOS PELO SAMU NOS CASOS DE URGÊNCIA E DE INEXISTÊNCIA DE LEITOS NA REDE PÚBLICA – DE-VER ESTATAL DE ASSISTÊNCIA À SAÚDE E DE PROTEÇÃO À VIDA RESULTAN-TE DE NORMA CONSTITUCIONAL – OBRIGAÇÃO JURÍDICO-CONSTITUCIONAL QUE SE IMPÕE AOS ESTADOS – CONFIGURAÇÃO, NO CASO, DE TÍPICA HIPÓTESE DE OMISSÃO INCONSTITUCIONAL IMPUTÁVEL AO ESTADO – DESRESPEITO À CONSTITUIÇÃO PROVOCADO POR INÉRCIA ESTATAL (RTJ 183/818-819) – COM-PORTAMENTO QUE TRANSGRIDE A AUTORIDADE DA LEI FUNDAMENTAL DA REPÚBLICA (RTJ 185/794-796) (…) 3. *RESPONSABILIDADE SOLIDÁRIA DAS PESSOAS POLÍTICAS QUE INTEGRAM O ESTADO FEDERAL BRASILEIRO, NO CONTEXTO DO SISTEMA ÚNICO DE SAÚDE (SUS) – COMPETÊNCIA COMUM DOS ENTES FEDERA-DOS (UNIÃO, ESTADOS-MEMBROS, DISTRITO FEDERAL E MUNICÍPIOS) EM TEMA DE PROTEÇÃO E ASSISTÊNCIA À SAÚDE PÚBLICA E/OU INDIVIDUAL (CF, ART. 23, II). DETERMINAÇÃO CONSTITUCIONAL QUE, AO INSTITUIR O DEVER ESTATAL DE DESENVOLVER AÇÕES E DE PRESTAR SERVIÇOS DE SAÚDE, TORNA AS PESSOAS POLÍTICAS RESPONSÁVEIS SOLIDÁRIAS PELA CONCRETIZAÇÃO DE TAIS OBRIGA-ÇÕES JURÍDICAS, O QUE LHES CONFERE LEGITIMAÇÃO PASSIVA "AD CAUSAM"*

admissibilidade de chamamento ao processo.[132] Em outras palavras, o cidadão pode pedir em juízo a efetivação do direito à saúde a qualquer ente da Federação sem que seja admitido o ingresso dos demais entes da Federação para se apurar o rateio da cota parte, de acordo com a regra do direito civil de solidariedade.[133]

Essa questão foi objeto de controvérsia doutrinária, uma vez que a competência comum dos entes da Federação não implica que todos os entes da Federação atuem da mesma forma no exercício de suas atribuições; antes, pelo contrário, na implementação da política pública de saúde, incumbe à União planejar e financiar grande parte das ações da política pública de saúde, cabendo a execução, essencialmente, aos Estados e sobretudos aos Municípios. Daí o entendimento de alguns que a Justiça Federal seria incompetente para essas demandas judiciais versando sobre o direito à saúde, dada a incapacidade operacional da União para fornecer medicamentos e serviços de saúde.[134] Entretanto, a tese da responsabilidade solidária foi a que vingou e restou sedimentada na jurisprudência do STF, apesar das objeções dos gestores públicos da política pública de saúde.[135]

Esse é um exemplo do "jogo de empurra", pois, para o cidadão não ter o ônus de identificar quem seria o responsável pela prestação da política pública de saúde, o STF fixou a tese de que a responsabilidade é solidária. Assim, o cidadão – e mesmo o patrono da causa – não necessita saber identificar quem, no plano das

---

NAS DEMANDAS MOTIVADAS POR RECUSA DE ATENDIMENTO NO ÂMBITO DO SUS – CONSEQUENTE POSSIBILIDADE DE AJUIZAMENTO DA AÇÃO CONTRA UM, ALGUNS OU TODOS OS ENTES ESTATAIS – PRECEDENTES – RECURSO DE AGRAVO IMPROVIDO" (Agravo Regimental no Recurso Extraordinário com Agravo nº 727.864, julgado em 04/11/2014, Relator Ministro Celso de Mello) (destaques nossos). Conferir o Agravo Regimental no Recurso Extraordinário nº 607.381, julgado em 31/05/2011, Relator Ministro Luiz Fux. Restou reconhecida a repercussão geral sobre a matéria na repercussão geral no recurso extraordinário nº 855.178, de Relatoria do Ministro Luiz Fux, ainda pendente de julgamento do mérito do recurso.

[132] Art. 77, inciso III do CPC/77 e art. 130, inciso III do CPC/2015.

[133] "Art. 283. O devedor que satisfez a dívida por inteiro tem direito a exigir de cada um dos co-devedores a sua quota, dividindo-se igualmente por todos a do insolvente, se o houver, presumindo-se iguais, no débito, as partes de todos os co-devedores".

[134] CARDOSO, Oscar Valente. Competência para o julgamento de pedido de fornecimento de medicamentos. *Revista Dialética de Direito Processual Civil (RDDP)*, n. 61, p. 59-66, abr. 2008º.

[135] ROMERO, Luiz Carlos. Federalismo e responsabilidade sanitária (percalços da construção de um sistema único de saúde em um estado federado). In: ROMERO, Luiz Carlos; DELDUQUE, Maria Célia (Org.). *Estudos de Direito Sanitário*: a produção normativa e saúde. Brasília: Senado Federal; Subsecretaria de Edições Técnicas, 2011. v. 1, p. 85

complexas relações intergovernamentais, é o responsável pela entrega de um medicamento ou pela internação em leito de UTI, se a União, o Estado ou o Município.

Esse entendimento jurisprudencial soluciona um problema jurídico de imputação de responsabilidade, porém não equaciona o dilema da *accountability*, ou seja, quem o eleitor tem de responsabilizar politicamente pela falta de prestação do serviço público de saúde.

No caso das Regiões Metropolitanas, a questão da *accountability* pelo exercício das funções públicas adquire grande importância, uma vez que o STF fixou a tese de que se trata de uma gestão compartilhada entre Estado e Municípios, o que torna extremamente difícil para o eleitor a identificação e atribuição de responsabilidade política, bem como facilita o "jogo de empurra" pelos agentes políticos e pelo aparelho burocrático. A dificuldade em operacionalizar a *accountability* aponta para a armadilha da decisão conjunta, isto é, instâncias de deliberação em que os entes da federação têm que decidir conjuntamente sobre o modo de exercício de suas competências entrelaçadas.

Scharpf cunhou a expressão "armadilha da decisão conjunta" para explicar a realidade da Alemanha em que as unidades subnacionais têm poderes de veto sobre as políticas públicas[136] em razão da exigência de maiorias qualificadas, bem como em virtude do fato de que, no Bundesrat – o Senado alemão –, os representantes são indicados pelos Land – os Estados na Alemanha –, o que os torna efetivamente representantes instruídos[137] dos interesses das unidades subnacionais. Scharpf utiliza o conceito da "armadilha da decisão conjunta" para estudar também a organização política da União Europeia.

Esse aspecto de representantes instruídos gera o fato de que as unidades subnacionais tendem a defender não apenas os interesses de seus eleitores, mas os seus próprios interesses institucionais, que podem ser traduzidos por maior autonomia e influência. Nesse cenário, as unidades subnacionais são relutantes em renunciar

---

[136] SCHARPF, Fritz W. The Joint-Decision Trap Revisited. *JCMS*, v. 44, n. 4, p. 847-848, 2006.
[137] HESSE, Konrad. *Elementos de direito constitucional da República Federal da Alemanha*. Porto Alegre: Sergio Antônio Fabris Editor, 1998. p. 453-454.

competências e buscam a produção de resultados por unanimidade ou por maiorias qualificadas, ainda que saibam que não sejam as mais eficazes.[138]

Scharpf argumenta, assim, que, na Alemanha, a regra da maioria simples elide parte dos problemas, mas que, mesmo assim, a tendência é de unanimidade ou maiorias qualificadas, até como mecanismo de contraposição dos *Länders* frente ao governo federal.[139] Na União Europeia, vê problemas de legitimidade na utilização da regra da maioria simples.[140] Nesse sistema de negociação compulsória, de acordo com Scharpf, a tendência é a redução da inovação, na medida em que a regra, uma vez aprovada, vincula-se a todos.[141]

Analisando o contexto da União Europeia, Scharpf afirma que a Comissão Europeia, com suas competências legislativas, e a Corte Europeia de Justiça, com exercício do poder jurisdicional, reduzem o impacto do problema da armadilha da decisão conjunta, porém acentuam o problema da legitimidade, pois reduzem a *accountability* dos países perante os seus eleitores em virtude da atuação de órgãos burocráticos e de juízes.[142]

O dilema da decisão conjunta tem um exemplo paradigmático no Brasil: o caso do Conselho Nacional de Política Fazendária – CONFAZ e a exigência de decisão unânime dos Estados e do Distrito Federal para a celebração de convênios para fins de instituição de isenções e benefícios fiscais em ICMS. A matéria é disciplinada pela Lei Complementar nº 24/1975, que exige um quórum de instalação de maioria absoluta dos Estados e de deliberação, em que se exige a unanimidade para celebração dos convênios.[143]

---

[138] SCHARPF, Fritz W. The Joint-Decision Trap Revisited. *JCMS*, v. 44, n. 4, p. 849, 2006.

[139] *Ibid.*, p. 849-850.

[140] *Ibid.*, p. 849-850.

[141] *Ibid.*, p. 849.

[142] *Ibid.*, p. 859-861.

[143] "Art. 2º – Os convênios a que alude o art. 1º, serão celebrados em reuniões para as quais tenham sido convocados representantes de todos os Estados e do Distrito Federal, sob a presidência de representantes do Governo federal. §1º – As reuniões se realizarão com a presença de representantes da maioria das Unidades da Federação. §2º – A concessão de benefícios dependerá sempre de decisão unânime dos Estados representados; a sua revogação total ou parcial dependerá de aprovação de quatro quintos, pelo menos, dos representantes presentes. §3º – Dentro de 10 (dez) dias, contados da data final da reunião a que se refere este artigo, a resolução nela adotada será publicada no Diário Oficial da União"..

Como a unanimidade é uma exigência que concede o poder de veto a todos os Estados membros da Federação, criou-se uma situação de guerra fiscal, na qual os Estados, por conta própria, aprovam leis concedendo benefícios fiscais em matéria de ICMS, sem a existência prévia de convênio. Em razão dessa situação, o STF está analisando a possibilidade de editar uma Súmula Vinculante (PSV nº 69), com a seguinte redação: "Qualquer isenção, incentivo, redução de alíquota ou de base de cálculo, crédito presumido, dispensa de pagamento ou outro benefício fiscal relativo ao ICMS, concedido sem prévia aprovação em convênio celebrado no âmbito do CONFAZ, é inconstitucional".

A exigência da unanimidade no CONFAZ para celebração de convênios autorizadores de benefícios fiscais teve sua constitucionalidade questionada pelo Governador do Distrito Federal por meio da Arguição de Descumprimento de Preceito Fundamental – ADPF nº 198, com fundamentos na violação ao princípio democrático, ao princípio federativo e ao princípio da proporcionalidade. Há entendimento em sentido diametralmente oposto em que se defende que a regra da unanimidade é cláusula pétrea da Constituição Federal.[144]

De qualquer modo, a regra da unanimidade do CONFAZ expõe o dilema do poder de veto e da armadilha da decisão conjunta. O exemplo das Comissões Intergestores do SUS aponta que o consenso tem sido um caminho eficaz. No caso do CONFAZ, o instrumento da guerra fiscal é um desestímulo à negociação, ou seja, a possibilidade de cada unidade federada conceder unilateralmente benefícios fiscais por meio de leis estaduais que somente tardiamente serão declaradas inconstitucionais estimula a ação unilateral. Nesse cenário, é de se indagar se a aprovação da súmula vinculante, tornando mais célere a declaração de inconstitucionalidade das leis estaduais que não tem amparo em convênios autorizativos do CONFAZ, não criaria um ambiente mais propício à negociação entre os Estados, permitindo a construção de acordos mediante concessões mútuas.

A institucionalização das Regiões Metropolitanas deve considerar essa armadilha, na medida em que o paradigma de gestão

---

[144] MARTINS, Ives Gandra. Estímulos fiscais e a unanimidade exigida no CONFAZ. *Revista CEJ*, Brasília, v. 17, n. 59, p. 22-29, jan./abr. 2013.

compartilhada entre Estado e Municípios, combinado com regras deliberativas de maioria qualificada, pode gerar impasses de difícil solução. O poder de veto é estímulo à negociação, mas também é barreira à implementação de políticas públicas. Além disso, a tendência da gestão das Regiões Metropolitanas é reproduzir o problema alemão de que as unidades federadas buscam atender seus próprios interesses institucionais em detrimento dos interesses dos eleitores, o que significa, muitas vezes, a luta pela preservação de competências e poder. Daí ser fundamental entender como o sistema político interage com a gestão das Regiões Metropolitanas.

1.5 Sistema político e Regiões Metropolitanas

As relações entre sistema político[145] e Regiões Metropolitanas são importantes para esclarecer em que medida existem incentivos ou desincentivos para a cooperação entre Municípios e Estado na gestão metropolitana. Nesse contexto, o primeiro aspecto a ser analisado é a relação entre federação e sistemas de governo.[146]

Elazar aponta que, modernamente, existem três principais modelos de federalismo: o sistema norte-americano, o sistema suíço e o sistema canadense.[147] O modelo canadense tem como fundamento, além de uma sociedade multicultural, a ideia de conjugar a forma de Estado federal com o sistema de governo

---

[145] "(…) Abrangendo de forma integradora as restantes formas políticas e considerando fatores os mais diversos – tais como os jurídicos, institucionais, culturais e políticos – referimo-nos a *sistema político*, do qual fazem parte, além de todas as outras formas, os sistemas eleitorais, partidários, a influência exercida pelos grupos de interesse (…)". VICTOR, Sérgio Antônio Ferreira. *Presidencialismo de coalizão*: exame do atual sistema de governo brasileiro. São Paulo: Saraiva, 2015. p. 52, grifo nosso.

[146] "(…) Por fim, *sistema de governo* refere-se às modalidades de relacionamento institucional entre os vários órgãos de exercício do poder político, identificados na estrutura político-constitucional como resultantes do próprio texto da Constituição, cobrindo a organização, o funcionamento e a inter-relação dos órgãos superiores do Estado. Vale mais uma vez ressaltar que a classificação proposta não é universalmente utilizada e que apenas nos serve para facilitar a comunicação (...)". VICTOR, Sérgio Antônio Ferreira. *Presidencialismo de coalizão*: exame do atual sistema de governo brasileiro. São Paulo: Saraiva, 2015. p. 52, grifo nosso.

[147] ELAZAR, Daniel J. *Exploring Federalism*. Tuscaloosa, Alabama: The University of Alabama Press, 1987. E-book.

parlamentarista.[148] O modelo suíço foi construído para acomodar as diferenças étnicas e linguísticas, formando uma "política de consenso" em que se prevalece a deliberação por meio de mecanismos de democracia direta, ainda que em um ritmo mais lento.[149]

O modelo norte-americano combina a forma federativa com o sistema presidencialista que foi uma criação da Convenção de Filadélfia. A figura do Presidente foi uma "resposta à questão da criação de um Executivo nacional, imprescindível a um país novo, que pretendia reunir Estados até então independentes sob um comando homogêneo",[150] sendo o único agente político eleito nacionalmente.

A Federação brasileira tem como matriz a Federação dos Estados Unidos da América e, por essa razão, combina forma federativa e presidencialismo. Entretanto, no Brasil, existe o que foi denominado por Abranches de presidencialismo de coalizão, que se traduz pela combinação singular de um sistema multipartidário e um sistema eleitoral proporcional, com um presidencialismo imperial que se organiza por coalizões.[151]

Um dos mecanismos de funcionamento do presidencialismo de coalizão é a atuação paroquial dos congressistas, que é explicada do seguinte modo por Victor:

> O modelo do segredo ineficiente, em resumo, considera os membros do parlamento como agentes paroquiais, eleitos por um modelo que estimula a competição intrapartidária e a construção de reputações individuais; agentes cujo sucesso das respectivas carreiras políticas depende da alocação contínua de recursos públicos em benefício de suas localidades e, procedendo de tal forma, para impedir a falência da economia nacional, esses agentes paroquiais legisladores transfeririam suas prerrogativas decisórias ao Executivo, burlando o esquema de freios e contrapesos próprio do regime de separação dos poderes adotado pelos sistemas presidencialistas e, consequentemente, gerando a ineficiência mencionada.[152]

---

[148] *Ibid.*

[149] *Ibid.*

[150] VICTOR, Sérgio Antônio Ferreira. *Presidencialismo de coalizão*: exame do atual sistema de governo brasileiro. São Paulo: Saraiva, 2015. p. 77.

[151] ABRANCHES, Sérgio Henrique Hudson de. Presidencialismo de coalizão: o dilema institucional brasileiro. *Dados – Revista de Ciências Sociais*, v. 31, n. 1, p. 21-22, 1988º.

[152] VICTOR, Sérgio Antônio Ferreira. *Presidencialismo de coalizão*: exame do atual sistema de governo brasileiro. São Paulo: Saraiva, 2015. p. 95.

No âmbito das Assembleias Legislativas, tem-se constatado a existência de um paroquialismo metropolitano. Recorde-se que as Assembleias Legislativas têm um papel importante na gestão das Regiões Metropolitanas, na medida em que a instituição das Regiões Metropolitanas é mediante lei complementar estadual, bem como a aprovação do Plano de Desenvolvimento Urbano Integrado é por meio de lei estadual (arts. 3º, 4º, 5º e 10 do Estatuto das Metrópoles).[153]

A constatação empírica é de que, embora as regiões metropolitanas tenham uma maior importância econômica e concentração

---

[153] "Art. 3º Os Estados, mediante lei complementar, poderão instituir regiões metropolitanas e aglomerações urbanas, constituídas por agrupamento de Municípios limítrofes, para integrar a organização, o planejamento e a execução de funções públicas de interesse comum. §1º O Estado e Municípios inclusos em região metropolitana ou em aglomeração urbana formalizada e delimitada na forma do *caput* deste artigo deverão promover a governança interfederativa, sem prejuízo de outras determinações desta Lei. §2º A criação de uma região metropolitana, de aglomeração urbana ou de microrregião deve ser precedida de estudos técnicos e audiências públicas que envolvam todos os Municípios pertencentes à unidade territorial. Art. 4º A instituição de região metropolitana ou de aglomeração urbana que envolva Municípios pertencentes a mais de um Estado será formalizada mediante a aprovação de leis complementares pelas assembleias legislativas de cada um dos Estados envolvidos. Parágrafo único. Até a aprovação das leis complementares previstas no *caput* deste artigo por todos os Estados envolvidos, a região metropolitana ou a aglomeração urbana terá validade apenas para os Municípios dos Estados que já houverem aprovado a respectiva lei. Art. 5º As leis complementares estaduais referidas nos arts. 3º e 4º desta Lei definirão, no mínimo: I – os Municípios que integram a unidade territorial urbana; II – os campos funcionais ou funções públicas de interesse comum que justificam a instituição da unidade territorial urbana; III – a conformação da estrutura de governança interfederativa, incluindo a organização administrativa e o sistema integrado de alocação de recursos e de prestação de contas; e IV – os meios de controle social da organização, do planejamento e da execução de funções públicas de interesse comum. §1º No processo de elaboração da lei complementar, serão explicitados os critérios técnicos adotados para a definição do conteúdo previsto nos incisos I e II do *caput* deste artigo. §2º Respeitadas as unidades territoriais urbanas criadas mediante lei complementar estadual até a data de entrada em vigor desta Lei, a instituição de região metropolitana impõe a observância do conceito estabelecido no inciso VII do *caput* do art. 2º. (…) Art. 10. As regiões metropolitanas e as aglomerações urbanas deverão contar com plano de desenvolvimento urbano integrado, aprovado mediante lei estadual. §1º Respeitadas as disposições do plano previsto no *caput* deste artigo, poderão ser formulados planos setoriais interfederativos para políticas públicas direcionadas à região metropolitana ou à aglomeração urbana. §2º A elaboração do plano previsto no *caput* deste artigo não exime o Município integrante da região metropolitana ou aglomeração urbana da formulação do respectivo plano diretor, nos termos do §1º do art. 182 da Constituição Federal e da Lei nº 10.257, de 10 de julho de 2001. §3º Nas regiões metropolitanas e nas aglomerações urbanas instituídas mediante complementar estadual, o Município deverá compatibilizar seu plano diretor com o plano de desenvolvimento urbano integrado da unidade territorial urbana. §4º O plano previsto no *caput* deste artigo será elaborado de forma conjunta e cooperada por representantes do Estado, dos Municípios integrantes da unidade regional e da sociedade civil organizada e será aprovado pela instância colegiada deliberativa a que se refere o inciso II do *caput* do art. 8º desta Lei, antes do encaminhamento à apreciação assembleia legislativa estadual".

de eleitores, são sub-representadas nas Assembleias Legislativas em relação às demais áreas do Estado, o que ocorre em razão do sistema eleitoral proporcional.[154] Nesse contexto, a atuação dos parlamentares é para o atendimento de seus redutos eleitorais, o que aumenta as suas chances de reeleição. Todavia, como as regiões metropolitanas são sub-representadas, os problemas que afetam os eleitores dessas áreas não entram na agenda dos deputados estaduais que estão concentrados no atendimento dos pleitos paroquiais.[155]

A agenda metropolitana permanece sendo da alçada do Poder Executivo estadual que, por disputar uma eleição majoritária, tem interesse no tema. Entretanto, resta comprometida a atuação do Poder Legislativo e, com isso, o sistema de freios e contrapesos próprio do sistema de governo presidencialista, que é replicado nos Estados. Como a agenda metropolitana não é relevante para o Poder Legislativo estadual e o Poder Executivo estadual disputa o espaço político com os prefeitos, os problemas metropolitanos têm dificuldade de ingressar na arena de debate político. Nesse contexto, é importante registrar o dilema político dos governadores que, em face de uma agenda metropolitana, necessitam equacionar o problema de que com suas ações possam beneficiar prefeitos oposicionistas, conforme explica Abrucio *et. al.*:

> Utilizando novamente os termos definidos por Gustavo Machado (2009), os governadores também enfrentam dilemas quanto ao custo das transações federativas para atuar na coordenação dos municípios. Isto porque eles têm de induzir ou participar de ações intermunicipais em regiões onde pode haver aliados e adversários. Como dividir politicamente o bônus e ônus destas ações? Haveria, então, três possibilidades para o governo estadual: não atuar em prol da colaboração intergovernamental numa mesma área estadual; fazê-lo apenas em lugares com maioria governista; ou ainda, apoiar iniciativas de maneira mais informal, evitando uma ação mais institucional e duradoura, de modo que o Executivo estadual possa sair destes acordos com as cidades caso haja um impasse político.[156]

---

[154] TONELLA, Celene; DAMASCENA, Jéferson Soares. O peso do voto metropolitano: a representatividade das regiões metropolitanas na Assembleia Legislativa do Paraná. *Cadernos Metrópole*, São Paulo, v. 14, n. 27, p. 90, jan./jun 2012.

[155] *Ibid.*, p. 110.

[156] ABRUCIO, Fernando Luiz; SANO, Hironobu; SYDOW, Cristina Toth. Radiografia do associativismo territorial brasileiro: tendências, desafios e impactos sobre as regiões

Nessa realidade, a existência de lideranças políticas aptas a superar esses problemas é mais um fator que contribui positivamente para a cooperação federativa, sendo exemplificado pelo caso do consórcio do Grande ABC, em que o governador Mário Covas, do PSDB, e o prefeito do Município de Santo André Celso Daniel, do PT, tiveram papel fundamental.[157]

Além dessas armadilhas federativas, Machado sistematizou quatro categorias do sistema político que interferem no processo de criação e manutenção de Regiões Metropolitanas.[158] A primeira categoria é a existência ou ausência de uma identidade regional entre os atores públicos e privados da região, que os incentivaria a ter uma "consciência metropolitana", reduzindo-se, assim, os custos de transação.[159] Um dos fatores apontados para o sucesso do Consórcio do Grande ABC – um arranjo associativo voluntário – é a existência de uma forte identidade regional no Grande ABC.[160]

Outra categoria é a assimetria de forças entre os atores, isto é, caso as Regiões Metropolitanas sejam constituídas por Municípios com grandes disparidades populacionais e econômicas, a cooperação tende a ser mais difícil, uma vez que a ausência de equilíbrio de forças induz a atitude de bloqueio a medidas cooperativas em virtude do receio de dominação.[161] Inclusive, há quem proponha que Municípios-polo sejam cindidos para se reduzir a assimetria entre os atores.[162]

---

[157] metropolitanas. In: KLINK, Jeroen (Org.). *Governança das metrópoles*: conceitos, experiências e perspectivas. São Paulo: Annablume, 2010. p. 24.

[157] *Ibid.*, p. 42-43.

[158] MACHADO, Gustavo Gomes. *O ente metropolitano*: custos de transação na gestão da Região Metropolitana de Belo Horizonte e no Consórcio do Grande ABC – os modelos compulsório e voluntário comparados. 2007. 167 f. Dissertação (Mestrado em Ciências Sociais) –Programa de Pós-Graduação em Ciências Sociais, Pontifícia Universidade Católica de Minas Gerais, Belo Horizonte, 2007. p. 20.

[159] *Ibid.*, p. 21.

[160] ABRUCIO, Fernando Luiz; SANO, Hironobu; SYDOW, Cristina Toth. Radiografia do associativismo territorial brasileiro: tendências, desafios e impactos sobre as regiões metropolitanas. In: KLINK, Jeroen (Org.). *Governança das metrópoles*: conceitos, experiências e perspectivas. São Paulo: Annablume, 2010. p. 42-43.

[161] MACHADO, Gustavo Gomes. *O ente metropolitano*: custos de transação na gestão da Região Metropolitana de Belo Horizonte e no Consórcio do Grande ABC – os modelos compulsório e voluntário comparados. 2007. 167 f. Dissertação (Mestrado em Ciências Sociais) –Programa de Pós-Graduação em Ciências Sociais, Pontifícia Universidade Católica de Minas Gerais, Belo Horizonte, 2007. p. 21-22.

[162] *Ibid.*, p. 22.

CAPÍTULO 1
ARMADILHAS FEDERATIVAS | 63

A terceira categoria é a trajetória de dependência, que explica as dificuldades de implantação das Regiões Metropolitanas em virtude de que, historicamente no Brasil, as Regiões Metropolitanas foram concebidas como extensão do governo federal militar e, portanto, eram um braço autoritário que interferia na vida dos Municípios. Por esse motivo, no processo de redemocratização, a rejeição ao tema das Regiões Metropolitanas que restou associado ao período da ditadura militar. A trajetória das Regiões Metropolitanas tem relação de dependência com suas origens autoritárias no Brasil, o que explica a dificuldade de implantação do modelo cooperativo.[163]

A última categoria é sobre as instituições metropolitanas, cuja temática é a investigação de quais prêmios e punições são capazes de reduzir os custos de transação entre os atores e promover a cooperação.[164]

Desse modo, constata-se que a implantação de uma gestão metropolitana compartilhada entre Estado e Municípios é um desafio, na medida em que existem várias armadilhas, isto é, os incentivos são para que não haja cooperação, o que aponta para problemas de governabilidade das Regiões Metropolitanas. Nesse contexto, não é um absurdo se indagar por que não promover fusões e incorporações entre Municípios para se promover uma gestão mais eficiente. Ou então transformar grandes Municípios em Cidades-Estados, na qual as competências de Estado e Município são integradas em um único ente federativo. Qual a justificativa normativa para se preservar um modelo de associação compulsória que se apresenta tão complexo do ponto de vista da governabilidade? Como legitimar democraticamente a governança das Regiões Metropolitanas? As respostas dessas indagações estão na compreensão da relação entre Regiões Metropolitanas e Democracia.

---

[163] SOUZA, Celina. Regiões Metropolitanas: condicionantes do regime político. *Lua Nova*, n. 59, p. 139-140, 2003º.

[164] MACHADO, Gustavo Gomes. *O ente metropolitano*: custos de transação na gestão da Região Metropolitana de Belo Horizonte e no Consórcio do Grande ABC – os modelos compulsório e voluntário comparados. 2007. 167 f. Dissertação (Mestrado em Ciências Sociais) –Programa de Pós-Graduação em Ciências Sociais, Pontifícia Universidade Católica de Minas Gerais, Belo Horizonte, 2007. p. 24.

CAPÍTULO 2

REGIÕES METROPOLITANAS E DEMOCRACIA

2.1 Constituição e Regiões Metropolitanas

Até a Constituição Federal de 1967, as Regiões Metropolitanas não faziam parte do ordenamento jurídico nacional. Existiu apenas a referência à admissibilidade de agrupamento de municípios em caráter voluntário, o que segundo Grau ocorreu ainda na República Velha.[165]

Entretanto, o conceito de Região Metropolitana como associação *compulsória* de municípios tem a sua origem na redação de Hely Lopes Meirelles para projeto de constituição que, posteriormente, foi incorporada na Constituição de 1967. A redação do professor paulista tinha o seguinte teor:

> A União ou o Estado poderá estabelecer regiões metropolitanas, constituídas por municípios que integram a mesma comunidade sócio-econômica, cujas obras e serviços de interesse regional serão planificados e realizados em conjunto, por uma administração unificada, de caráter intermunicipal. As regiões metropolitanas deverão receber subvenção federal e estadual que lhe permita a realização das obras e serviços essenciais à comunidade, na forma que a lei estabelecer.[166]

---

[165] GRAU, Eros Roberto. *Direito urbano*: regiões metropolitanas, solo criado, zoneamento e controle ambiental. São Paulo: Ed. Revista dos Tribunais, 1983. p. 35-36.

[166] *Ibid.*, p. 39.

Essa concepção jurídica restou positivada na Constituição Federal de 1967, no título da Ordem Econômica, com a seguinte redação:

> Art 157 – A ordem econômica tem por fim realizar a justiça social, com base nos seguintes princípios:
> §10 – A União, mediante lei complementar, poderá estabelecer regiões metropolitanas, constituídas por Municípios que, independentemente de sua vinculação administrativa, integrem a mesma comunidade sócio-econômica, visando à realização de serviços de interesse comum.

Esse dispositivo foi reproduzido na Constituição de 1969 com poucas alterações de redação.[167] As Regiões Metropolitanas foram instituídas pela Lei Complementar nº 14/1973 que criou as Regiões Metropolitanas de São Paulo, Belo Horizonte, Porto Alegre, Recife, Salvador, Curitiba, Belém e Fortaleza, assim como delineou o regime jurídico de gestão metropolitana que se caracterizava basicamente pela existência de um Conselho Deliberativo, cuja escolha dos membros era atribuição do Governador do Estado, e um Conselho Consultivo, com representantes dos Municípios, porém com a presidência do Governador.[168]

---

[167] "Art. 164. A União, mediante lei complementar, poderá para a realização de serviços comuns, estabelecer regiões metropolitanas, constituídas por municípios que, independentemente de sua vinculação administrativa, façam parte da mesma comunidade sócio-econômica".

[168] "Art. 2º – Haverá em cada Região Metropolitana um Conselho Deliberativo, presidido pelo Governador do Estado, e um Conselho Consultivo, criados por lei estadual. §1º – O Conselho Deliberativo contará em sua composição, além do Presidente, com 5 (cinco) membros de reconhecida capacidade técnica ou administrativa, um dos quais será o Secretário-Geral do Conselho, todos nomeados pelo Governador do Estado, sendo um deles dentre os nomes que figurem em lista tríplice organizada pelo Prefeito da Capital e outro mediante indicação dos demais Municípios integrante da Região Metropolitana. §2º – O Conselho Consultivo compor-se-á de um representante de cada Município integrante da região metropolitana sob a direção do Presidente do Conselho Deliberativo. §3º – Incumbe ao Estado prover, a expensas próprias, as despesas de manutenção do Conselho Deliberativo e do Conselho Consultivo. Art. 3º – compete ao Conselho Deliberativo: I – promover a elaboração do Plano de Desenvolvimento integrado da região metropolitana e a programação dos serviços comuns; II – coordenar a execução de programas e projetos de interesse da região metropolitana, objetivando-lhes, sempre que possível, a unificação quanto aos serviços comuns; Parágrafo único – A unificação da execução dos serviços comuns efetuar-se-á quer pela concessão do serviço a entidade estadual, quer pela constituição de empresa de âmbito metropolitano, quer mediante outros processos que, através de convênio, venham a ser estabelecidos. Art. 4º – Compete ao Conselho Consultivo: I – opinar, por solicitação do Conselho Deliberativo, sobre questões de interesse da região metropolitana; II – sugerir ao Conselho Deliberativo a elaboração de planos regionais e a adoção de providências relativas à execução dos serviços comuns".

CAPÍTULO 2
REGIÕES METROPOLITANAS E DEMOCRACIA | 67

Desse modo, a natureza jurídica das regiões metropolitanas foi "a de um híbrido de região de serviços comuns, região de planejamento territorial e região de desenvolvimento econômico".[169] Além da ausência de participação democrática na gestão e planejamento das regiões metropolitanas, pelas razões evidentes de serem fruto de um centralismo autoritário típico do federalismo de integração da ditadura militar,[170] os municípios sofreram uma *capitis diminutio* em sua autonomia política. A Lei Complementar Federal atribuiu a titularidade do interesse metropolitano aos Estados, excluindo os municípios do processo decisório, apesar de entendimento doutrinário em sentido contrário em que se realiza a leitura de que o interesse metropolitano atribuiria ao Estado a competência para atuar em áreas tipicamente dos Municípios, porém "condicionado a suportar de alguma forma a co-gestão municipal na prestação desses serviços".[171]

Nos preparativos para a Assembleia Constituinte entre 1986-1988, foi elaborado o Anteprojeto de Constituição pela Comissão Afonso Arinos, que disciplinou a temática das Regiões Metropolitanas de maneira detalhada, especialmente, quando se compara com o texto que vingou com a Constituição de 1988. Veja-se:

> Art.127 – Lei Complementar poderá estabelecer regiões metropolitanas, por agrupamento de Municípios integrantes da mesma região do Estado, para a organização e a administração dos serviços públicos intermunicipais de peculiar interesse metropolitano, sempre que o atendimento destes serviços ultrapassar o território municipal e impuser o emprego de recursos comuns.
>
> Art. 128 – Poderão ser considerados do interesse metropolitano, entre outros, os seguintes serviços:
> I – saneamento básico;
> II – uso do solo metropolitano;

---

[169] FERNANDES, Edésio. O elo perdido: o desafio da gestão metropolitana. In: ALFONSIN Betânia; FERNANDES, Edésio (Org.). *Direito urbanístico*: estudos brasileiros e internacionais. Belo Horizonte: Editora Del Rey, 2006. p. 364.

[170] Buzaid assim esclarece o conceito de federalismo de integração: "(...) A esse novo tipo, que promove o desenvolvimento econômico com o máximo de segurança coletiva, ousamos denominar federalismo de integração (...)". BUZAID, Alfredo. *O Estado Federal Brasileiro*. Brasília: Ministério da Justiça, 1971. p. 40.

[171] Conferir ALVES, Alaôr Café. *Planejamento metropolitano e autonomia municipal no direito brasileiro*. São Paulo: Bushatsky; Emplasa, 1981. p. 341.

III – transportes, sistema viário e eletrificação;
IV – aproveitamento de recursos hídricos;
V – proteção do meio ambiente e controle da poluição;
VI – educação e saúde pública;
VII – segurança pública;
VIII – outros serviços considerados de interesse metropolitano por lei estadual.

Art.129 – A União, os Estados e os Municípios integrados na Região Metropolitana consignarão, obrigatoriamente, em seus respectivos orçamentos, recursos financeiros compatíveis com o planejamento, a execução e a continuidade dos serviços metropolitanos.

Art. 130 – A Constituição do Estado disporá sobre a autonomia, a organização e a competência da Região Metropolitana como entidade pública e territorial de Governo Metropolitano, podendo atribuir-lhe:
I – delegação para promover a arrecadação de taxas, contribuição de melhoria, tarifas e preços, com fundamento na prestação dos serviços públicos de interesse metropolitano;
II – competência para expedir normas nas matérias de interesse da Região, não incluídas na competência do Estado e do Município.
Parágrafo único – Cada Região Metropolitana expedirá seu próprio Estatuto, respeitadas a Constituição e a legislação aplicável.

Art. 131 – A União, os Estados, os Municípios e as Regiões Metropolitanas estabelecerão mecanismos de cooperação de recursos e de atividades, para assegurar a realização dos serviços metropolitanos.

Art. 132 – A criação da Região Metropolitana será submetida ao referendo popular e dar-se-á por aprovada se obtiver a manifestação favorável da maioria dos eleitores da maioria dos municípios diretamente interessados, na forma de instruções da Justiça Eleitoral.[172]

Conforme se verifica, a proposta da Comissão Afonso Arinos preservou a característica da Região Metropolitana como ente administrativo, porém estadualizou a matéria, isto é, atribuiu aos Estados o poder de criar e disciplinar a Região Metropolitana mediante previsão na Constituição Estadual. Entretanto, quando comparado com o modelo então vigente, constata-se que deu maior proeminência aos Municípios, na medida em que a criação de uma Região Metropolitana estaria condicionada a um referendo; logo, não seria uma associação compulsória, mas voluntária, a partir de uma manifestação coletiva favorável dos eleitores da maioria dos Municípios afetados. Esse requisito

---

[172] Anteprojeto Constitucional. Diário Oficial. Suplemento Especial ao nº 185, 26/09/1986.

coaduna-se com a previsão no anteprojeto constitucional de um interesse metropolitano.

Na Constituinte, existiu um embate entre transformar as Regiões Metropolitanas em entes com representação política própria e aqueles que defendiam que se mantivesse o modelo de instância administrativa.[173] Registre-se também que foi encaminhada ao Congresso Constituinte proposta conjunta formulada por oito das nove Regiões Metropolitanas – a exceção foi a de Salvador – no sentido de transformar as Regiões Metropolitanas em entes políticos, integrando-as no pacto federativo. Todavia, o forte movimento municipalista rechaçou essa proposta.[174] A Constituinte optou por uma fórmula semelhante à já existente, mas atribuindo aos Estados a definição das Regiões Metropolitanas, Aglomerações Urbanas e Microrregiões mediante lei complementar estadual.

Fernandes qualifica essa opção constitucional como "estadualização pela metade" da gestão metropolitana, na medida em que a Constituição não delineou um regime jurídico e "empurrou" a questão para os Estados.[175] Daí o impacto que a jurisdição constitucional tem sobre o regime jurídico das Regiões Metropolitanas.

Com a Constituição de 1988, a questão do caráter de associação compulsória das Regiões Metropolitanas mediante lei complementar estadual saiu da esfera doutrinária – o que constituía matéria pacífica – e foi objeto de controvérsia judicial, tendo sido inclusive declarada inconstitucional a exigência prevista em Constituição Estadual de aprovação prévia da Câmara Municipal para o ingresso na Região Metropolitana,[176] bem como reputou-se inconstitucional a obrigatoriedade estabelecida em Constituição Estadual de consulta prévia aos Municípios mediante plebiscito

---

[173] SOUZA, Celina. Regiões Metropolitanas: trajetória e influência das escolhas institucionais. In: RIBEIRO, Luiz Cesar de Queiroz (Org.). *Metrópoles*: entre a coesão e a fragmentação, a cooperação e o conflito. 2. ed. Rio de Janeiro: Letra Capital; Observatório das Metrópoles; INCT, 2015. p. 69-70.

[174] FERNANDES, Edésio. O elo perdido: o desafio da gestão metropolitana. In: ALFONSIN Betânia; FERNANDES, Edésio (Org.). *Direito urbanístico*: estudos brasileiros e internacionais. Belo Horizonte: Editora Del Rey, 2006. p. 365.

[175] *Ibid.*, p. 366.

[176] Conferir ADIN nº 1.841-9 – Relator Ministro Néri da Silveira e ADIN nº 1.841-9 – Relator Ministro Carlos Velloso.

como parte integrante do processo legislativo para criação de Regiões Metropolitanas.[177]

A relevância dessas decisões é o fundamento que restou adotado. De acordo com a argumentação dos votos proferidos, o poder de criação das Regiões Metropolitanas é uma competência exclusiva dos Estados a que os Municípios não se podem opor, mesmo que a previsão de mecanismos de veto – plebiscito ou aprovação de Câmara Municipal – esteja consagrada nas Constituições Estaduais, isto é, o Estado se autolimitando por meio de seu estatuto político fundamental.

A argumentação dos votos proferidos remete ao princípio da simetria ao se comparar o disposto no §3º do art. 23 da CF com o estipulado no §4º do art. 18 da CF,[178] ou seja, a inexistência de requisitos constitucionais outros que não o de uma lei complementar estadual obstaria que o Poder Constituinte Decorrente fixasse mecanismos de veto dos Municípios ao ingresso em Regiões Metropolitanas. O fundamento que lastreia a argumentação é de que as Regiões Metropolitanas não são entes políticos, afastando-se, portanto, da sistemática de fusão, incorporação e desmembramento de municípios.

Nesse contexto, é de se indagar se realmente seria inconstitucional a previsão de mecanismos de participação popular no processo de criação de Regiões Metropolitanas, tal qual previsto no anteprojeto da Comissão Afonso Arinos. Não seriam o referendo ou plebiscito mecanismos catalisadores da discussão pela sociedade dos problemas metropolitanos?

Recentemente, o Supremo Tribunal Federal foi chamado a decidir a respeito da titularidade do interesse metropolitano no

---

[177] Conferir ADIN nº 796-3 – Relator Ministro Néri da Silveira.

[178] "Art. 18. A organização político-administrativa da República Federativa do Brasil compreende a União, os Estados, o Distrito Federal e os Municípios, todos autônomos, nos termos desta Constituição. §1º Brasília é a Capital Federal. §2º Os Territórios Federais integram a União, e sua criação, transformação em Estado ou reintegração ao Estado de origem serão reguladas em lei complementar. §3º Os Estados podem incorporar-se entre si, subdividir-se ou desmembrar-se para se anexarem a outros, ou formarem novos Estados ou Territórios Federais, mediante aprovação da população diretamente interessada, através de plebiscito, e do Congresso Nacional, por lei complementar. §4º A criação, a incorporação, a fusão e o desmembramento de Municípios, far-se-ão por lei estadual, dentro do período determinado por Lei Complementar Federal, e dependerão de consulta prévia, mediante plebiscito, às populações dos Municípios envolvidos, após divulgação dos Estudos de Viabilidade Municipal, apresentados e publicados na forma da lei".

caso do serviço de saneamento básico, pois os Estados passaram a legislar e restou contestada a concepção de que o Estado era o titular do serviço de saneamento básico, com a exclusão dos Municípios participantes da Região Metropolitana. Essa foi a controvérsia da ADIN nº 1842, cujo acórdão pode ser identificado como o ponto de partida para a construção do regime jurídico das Regiões Metropolitanas no Brasil.

O caso versava sobre a constitucionalidade da instituição da Região Metropolitana do Rio de Janeiro. O cerne da controvérsia era a transferência de titularidade de serviços públicos e funções públicas, dentre as quais o saneamento básico, que antes pertenceriam aos municípios integrantes da Região Metropolitana, para o Estado do Rio de Janeiro. A discussão dessa temática foi ampla e extensa. Pode-se apresentar a existência de quatro posições: (1) a titularidade dos serviços comuns em uma Região Metropolitana é dos Estados; (2) o ato de criação de uma Região Metropolitana tem apenas caráter procedimental, remanescendo a titularidade dos serviços comuns nas mãos dos Municípios que exercem as suas competências de maneira integrada; (3) a titularidade dos serviços comuns pertencem ao Estado e aos Municípios integrantes da Região Metropolitana, com participação paritária; (4) a titularidade dos serviços comuns pertencem a Estado e aos Municípios integrantes da Região Metropolitana, sem necessidade de participação paritária.

A posição (1) foi a do relator do caso, Ministro Maurício Côrrea. De acordo com essa perspectiva, a não atribuição da titularidade dos serviços comuns ao Estado tornaria inócuo o disposto no §3º do art. 25 da CF. Nas suas palavras:

> Não é razoável pretender-se que, instituídos esses organismos, os Municípios que os compõem continuem a exercer isoladamente as competências que lhes foram cometidas em princípio, uma vez que nessas circunstâncias estabelece-se uma comunhão superior de interesses, daí porque a autonomia a eles reservada *sofre naturais limitações oriundas do próprio destino dos conglomerados de que façam parte.* Seria o mesmo que relegar à total inocuidade a legislação complementar e, por via reflexa, a permissão constitucional, sujeitando toda a população regional a ações ilegítimas de uma ou outra autoridade local. Nesse caso, o Estado assume a responsabilidade pela adequada prestação dos serviços metropolitanos, com a participação ativa dos Municípios enquanto membros dos Conselhos Deliberativos e coautores do Plano Diretor. A

competência municipal acaba, pois, mitigada, na hipótese, pela permissão contida no §3º do artigo 25 da Carta Federal. (Grifo nosso).

A posição (2) foi encabeçada pelo Ministro Nelson Jobim, para quem o §3º do art. 25 da CF atribuiu aos Estados uma competência meramente procedimental de disciplinar como os Municípios integrados a uma Região Metropolitana devem deliberar e prestar os serviços comuns. Sintetiza essa posição do seguinte modo:

> Daí porque se dizer que a competência estadual é meramente procedimental. O ESTADO não decide políticas administrativas regionais. O ESTADO não tem o poder de legislar em questão de interesse comum dos MUNICÍPIOS. O ESTADO não pode se atribuir competências ou atribuições exclusivas da autonomia municipal. Cabe a ele somente instituir o AGRUPAMENTO MUNICIPAL e fixar a forma e os procedimentos a serem observados para a decisão em conjunto dos municípios. Tudo dentro de critérios razoáveis, para que a decisão dessas políticas administrativas e esse poder de legislar dos MUNICÍPIOS sejam exercidos consensualmente, proporcionalmente e de forma a resguardar a representatividade dos municípios envolvidos. Aos MUNICÍPIOS caberá a decisão da forma como se organizarão para a prestação de serviços públicos de INTERESSE REGIONAL – se por meio de consórcio, por exemplo, – e, principalmente, as decisões de cunho administrativo e legislativo em matéria de interesse comum do AGRUPAMENTO MUNICIPAL.

Para o Ministro Jobim, a prestação de serviços comuns é atribuição dos Municípios integrantes da associação compulsória, que se organizarão mediante consórcios ou de outro modo para a prestação de serviços públicos de interesse regional. O Estado, nessa perspectiva, apenas define as regras do jogo, isto é, como os Municípios decidiriam a respeito dos assuntos de interesse regional.

A posição (3) é a do Ministro Joaquim Barbosa, segundo a qual os serviços comuns passam a ser de titularidade da entidade público-territorial-administrativa que surge com a criação da Região Metropolitana – tendo Estado e Municípios poder decisório em pé de igualdade. Destaque-se o seguinte trecho do voto:

> Assim, a criação de uma região metropolitana não pode, em hipótese alguma, significar o amesquinhamento da autonomia política dos

municípios dela integrantes, materializado no controle e na gestão solitária pelo estado das funções públicas de interesse comum. Vale dizer, a titularidade do exercício das funções públicas de interesse comum passa para *a nova entidade público-territorial-administrativa, de caráter intergovernamental, que nasce em consequência da criação da região metropolitana*. Em contrapartida, o exercício das funções normativas, diretivas e administrativas do novo ente deve ser compartilhado com paridade entre o estado e os municípios envolvidos. (Grifo nosso).

Há referência a uma entidade público-territorial-administrativa que deriva da criação de uma Região Metropolitana. O Ministro Joaquim Barbosa atribuiu a essa entidade a titularidade dos serviços comuns, com fundamento na doutrina esposada por Alaôr Café Alves, a quem cita expressamente. Os poderes normativos e decisórios dessa nova entidade pertenceriam ao Estado e aos Municípios de modo paritário.

A posição (4) apresenta uma leve divergência e foi a posição que prevaleceu, sendo designado o Ministro Gilmar Mendes para ser o relator do acórdão. Para esse posicionamento, a deliberação e execução são colegiadas e, portanto, partilhadas entre Estado e os Municípios, porém a participação dos entes federativos não necessariamente ocorre de modo paritário. Veja-se a observação do Ministro Gilmar Mendes:

> Ressalte-se, porém, que a participação dos entes nessa decisão colegiada não necessita ser paritária, desde que apta a prevenir a concentração do poder decisório no âmbito de um único ente. A participação de cada Município e do Estado deve ser estipulada em cada região metropolitana de acordo com suas particularidades, sem que se permita que um ente tenha predomínio absoluto.
> (...)
> Obviamente, não se exige que o Estado ou o Município-polo tenham peso idêntico a comunidades menos expressivas, seja em termos populacionais, seja em termos financeiros. A preservação da autonomia municipal impede apenas a concentração do poder decisório e regulatório nesses entes.

Desse modo, tendo sido definido o parâmetro de constitucionalidade das Regiões Metropolitanas – respeito à divisão de responsabilidades entre Municípios e Estado, evitando-se que o poder decisório e o poder concedente concentrem-se nas mãos de um único ente federativo –, o STF declarou a inconstitucionalidade das leis fluminenses que transferiam a titularidade dos serviços comuns para o Estado, porém adotou a técnica de modulação dos efeitos prevista no art. 27 da Lei nº 9.868/1998, conferindo ao Estado do Rio de Janeiro o prazo de 24 meses para adequar a legislação estadual aos critérios fixados pela Corte Constitucional.

Conforme se verifica pela análise dos argumentos do acórdão, o texto constitucional é aberto quanto à definição da titularidade do interesse metropolitano e, por sua vez, sobre o modelo de gestão das Regiões Metropolitanas, o que se pode denominar como o arranjo institucional em larga escala. Daí a necessidade de uma justificativa externa ao texto constitucional para interpretá-lo. Por esse motivo, é indispensável investigar as teorias sobre o federalismo e a relação entre federação e democracia para se compreender as razões da decisão do STF ao fixar o modelo de cogestão das Regiões Metropolitanas.

2.2 Federalismo e democracia: teorias

Para se construir as relações entre federalismo e democracia, parte-se de Montesquieu, na medida em que seu pensamento teve enorme impacto na elaboração da Constituição americana de 1787,[179] que foi o resultado de um embate teórico entre os Federalistas e os Antifederalistas,[180] os quais divergiram a respeito de múltiplos aspectos, mas nos interessa a disputa sobre a legitimidade da criação da federação,[181] em que os fundamentos teóricos de Montesquieu foram apropriados, ainda que, surpreendentemente, de maneira antagônica.

---

[179] BERGMAN, Matthew P. Montesquieu's Theory of Government and the Framing of the American Constitution. 18 *Pepp. L. Rev.*, v.18, n. 1, p. 1-42, 1990-1991.

[180] Os federalistas são conhecidos na nossa tradição constitucional, pois foram os vencedores, isto é, foi o grupo que defendeu a ratificação pelos Estados confederados da Constituição elaborada na convenção da Filadélfia. Os Antifederalistas eram um movimento que se opunha à ratificação da Constituição.

[181] GARGARELLA, Roberto. Em nome da Constituição. In: BORON, Atilio A. (Org.). *Filosofia Política Moderna*: de Hobbes à Marx. São Paulo: CLASCO – Consejo Latinoamericano de Ciencias Sociales; DCP-FFLCH – Departamento de Ciências Políticas, Faculdade de Filosofia, Letras e Ciências Humanas; USP – Universidade de São Paulo, 2006. p. 169-189.

CAPÍTULO 2
REGIÕES METROPOLITANAS E DEMOCRACIA | 75

Montesquieu tematiza a federação no livro IX do clássico *Espírito das leis*, cujas ideias principais são expostas do seguinte modo:[182]

Uma república, se é pequena, é destruída por uma força estrangeira; se é grande, ela se destrói por um vício interior. Esse duplo inconveniente afeta igualmente as Democracias e as Aristocracias, sejam ela boas ou más. O mal está na coisa mesma; não há remédio. Assim, ao que parece, os homens acabariam tendo sempre de viver sob o governo de um só, se não tivessem descoberto um tipo de constituição que possui todas as vantagens interiores do Governo Republicano e a força exterior da Monarquia. Falo da República Federativa.

Essa forma de Governo é uma convenção, pela qual diversos corpos em se tornar cidadãos de um Estado maior, que querem formar. É uma sociedade de sociedades, as quais constituem uma nova, que pode aumentar com novos associados, até que o seu poder baste para a segurança dos que se uniram.

Essas associações é que fizeram florescer por tanto tempo o conjunto da Grécia. Por meio delas foi que os Romanos atacaram o mundo, e só por elas foi que o mundo defendeu-se contra eles. Quando Roma chegou ao auge da sua grandeza foi por meio de associações atrás do Danúbio e do Reno, associações a que levados pelo terror, que os bárbaros puderam resistir.

Por isso é que a Holanda, a Alemanha, as ligas suíças são tidas na Europa como Repúblicas eternas.

As associações de cidades antigamente eram mais necessárias do que hoje. Uma cidade sem poder corria perigos maiores. A conquista a privava não só do Poder Executivo e Legislativo, como hoje, mas ainda de tudo que há de propriedade entre os homens.

Esse tipo de República, capaz de resistir à agressão externa, pode manter-se do seu tamanho, sem corromper-se internamente. A forma dessa sociedade previne todos os inconvenientes.

Aquele que desejasse usurpar raramente seria igualmente creditado em todos os Estados confederados. Ele, se ficasse poderoso demais em um, alarmaria os outros; se subjugasse uma parte, a parte livre ainda lhe poderia resistir com forças independentes daquelas já usurpadas, e destruí-lo antes que se consolidasse.

Se ocorresse sedição em um dos membros confederados, os outros podem pacificá-lo. Se se introduzem abusos em uma parte, são corrigidos pelas partes sadias. Esse Estado pode perecer de um lado, sem perecer do outro; a Confederação pode dissolver-se, e os confederados permanecem soberanos.

---

[182] MONTESQUIEU, Charles de Secondat, Baron de. *O espírito das leis*: as formas de governo, a federação, a divisão de poderes. Introdução, tradução e notas de Pedro Vieira Mota. São Paulo: Saraiva, 2008.

Composto de pequenas Repúblicas, goza ele da excelência do Governo interno de cada uma; e, com relação ao exterior, ele tem, pela força da associação, todas as vantagens das grandes monarquias.

Para Montesquieu, havia uma dimensão de escala a ser considerada. Repúblicas somente seriam possíveis em pequenas comunidades e territórios, enquanto a Monarquia tinha a vocação da expansão e de ampliação do território. Entretanto, as Repúblicas são frágeis militarmente e estão expostas demasiadamente ao risco das ameaças estrangeiras, o que não ocorre com a Monarquia. Então, para o autor francês, a federação, por ser uma associação de repúblicas, pode se imunizar de se corromper porque os territórios e as comunidades permanecem com seus governos locais, porém, simultaneamente, há a união das repúblicas em favor da defesa externa e da resistência à insubordinação de alguma das repúblicas. A federação combina, assim, as virtudes da República e do Império.

E essa concepção de federação era conhecida pelos elaboradores da Constituição americana, especialmente, por aqueles que foram intitulados de federalistas.[183] No Federalista nº 9, Hamilton defende a tese de que a forma federativa é o antídoto contra as facções domésticas e insurreições, impedindo-se, assim, a oscilação entre os extremos da tirania e anarquia.[184]

Mas o que são essas facções domésticas e insurreições? Após a declaração da independência, as então ex-colônias britânicas passaram por um período de convulsão social, uma vez que os credores britânicos passaram a negar créditos aos americanos e a cobrar suas dívidas. Por esse motivo, os comerciantes americanos tornaram-se mais rigorosos com seus devedores, os pequenos proprietários, que haviam doado bens para a independência e ficaram em uma situação econômica pior do que a anterior. Somado a esse quadro de crise econômica, tinha-se uma população mobilizada politicamente em razão da luta pela independência, o que até então era inédito.[185]

---

[183] BERGMAN, Matthew P. Montesquieu's Theory of Government and the Framing of the American Constitution. *Pepp. L. Rev.*, v. 18, n. 1, p. 20-30, 1991.

[184] HAMILTON, Alexander; JAY, John; MADISON, James. *The Federalist Papers*. 1788.

[185] GARGARELLA, Roberto. Em nome da Constituição. In: BORON, Atilio A. (Org.). *Filosofia Política Moderna*: de Hobbes à Marx. São Paulo: CLASCO – Consejo Latinoamericano

CAPÍTULO 2
REGIÕES METROPOLITANAS E DEMOCRACIA | 77

Dentro desse contexto, os ataques se voltaram contra o Judiciário, que determinava o pagamento das dívidas. Os devedores impediram as deliberações do Judiciário quando os casos envolviam a imposição de penas àqueles que não cumpriam com os seus pagamentos.[186] Era o perigo da anarquia. Os devedores direcionaram-se também ao Legislativo em uma lógica institucional mediante a adoção de medidas legais para aliviar a situação dos setores endividados, tornando legal o que havia surgido de modo violento.[187] Era o perigo da tirania da maioria. Por esse motivo, Gargarella arremata afirmando que "a maioria das instituições locais não havia conseguido se manter firme: cooptadas em muitos casos por algum dos grupos em disputa, elas haviam servido simplesmente para pôr o carimbo da lei sobre o que em outros casos se conseguia através das armas".[188]

É considerando essa realidade que Hamilton defende um modo de organização política – a separação de poderes com o sistema de freios e contrapesos – no qual se impeça que todo o poder seja concentrado na maioria ou na minoria, para que os grupos mutuamente se controlem dentro do âmbito institucional. A ambição contra a ambição.

Por essa razão, vários mecanismos institucionais foram criados para viabilizar o exercício dos freios e contrapesos, tais como o veto presidencial, o controle judicial de constitucionalidade, rejeição do veto, divisão do parlamento em duas casas, o *impeachment*, entre outros.[189] A defesa de Hamilton da federação se insere nessa perspectiva teórica de ser mais um mecanismo de freio e contrapeso, de contenção do poder.[190]

O modelo teórico dos federalistas é o da Democracia Liberal. Nessa compreensão, proteger a democracia significa proteger a Constituição contra os impulsos irracionais dos representantes

---

de Ciencias Sociales; DCP-FFLCH – Departamento de Ciências Políticas, Faculdade de Filosofia, Letras e Ciências Humanas; USP – Universidade de São Paulo, 2006. p. 171.

[186] *Ibid.*, p. 171.

[187] *Ibid.*, p. 172.

[188] *Ibid.*, p. 176.

[189] *Ibid.*, p. 177-178.

[190] HAMILTON, Alexander; JAY, John; MADISON, James. *The Federalist Papers*. 1788.

do povo,[191] preferindo-se o sistema de controle interno em vez do sistema de controle popular.[192] Por sistema de controle interno, entenda-se o sistema de separação de poderes e a federação. Na ótica da Democracia Liberal, a federação é justificada por ser um instrumento de limitação da esfera de atuação do poder da União, isto é, ao constituir âmbitos de atuação estatal para Estados-membros e a União, divide-se o poder, prevenindo-se os abusos.[193]

E no Federalista nº 9 Hamilton cita Montesquieu para responder a objeção dos Antifederalistas, os quais se amparavam também no pensamento de Montesquieu para combater a federação e justificar que as repúblicas somente seriam possíveis em territórios pequenos. Em livro organizado por Morton Borden,[194] foram selecionados 85 textos dos Antifederalistas, os quais foram dispostos de maneira a corresponderem aos 85 textos dos Federalistas. E no Antifederalista nº 9, tem-se o ataque à federação. O título do ensaio é "Um governo consolidado é uma tirania". Repudiam o fato de que a Constituição não permita que os representantes do corpo legislativo sejam escolhidos anualmente,[195] bem como a ausência de proibição de reeleição, o que não incentiva a rotatividade dos cidadãos na ocupação dos cargos públicos.[196] Contestam o excesso de poderes outorgados ao Presidente, a quem comparam com um Monarca,[197] assim como criticam o Poder Judiciário federal, que teria ampla competência e tenderia a ser favorável à União, uma vez que as indicações seriam presidenciais.[198] E atacam ferozmente a falta de uma *Bill of Rights*, afirmando que a criação da federação implica um governo aristocrata.[199]

---

[191] GARGARELLA, Roberto. Theories of Democracy, the Judiciary and Social Rights. In: GARGARELLA, Roberto; DOMINGO, Pilar; ROUX, Theunis (Ed.). *Courts and Social Transformation in new Democracies*: An Institutional Voice for the Poor?. Aldershot: Ashgate Publishing Limited, 2006. p. 18.

[192] Ibid., p. 17.

[193] SCHAPIRO, Robert A. *Polyphonic Federalism*: Toward the Protection of Fundamental Rights. Chicago: The University of Chicago Press, 2009,

[194] BORDEN, Morton (Org.). *Anti-federalist Papers*: 1787-1789. 1965.

[195] *Ibid.*

[196] *Ibid.*

[197] *Ibid.*

[198] *Ibid.*

[199] *Ibid.*

E a *Bill of Rights*, incorporada à Constituição via emenda constitucional, foi uma resposta às pressões dos Antifederalistas.[200] Todavia, é importante situar a relação entre *Bill of Rights* e a federação para os Antifederalistas, o que é ilustrado pelo art. 1º da *Bill of Rights*, cujo texto tem o seguinte teor[201]:

> O Congresso não legislará no sentido de estabelecer uma religião, ou proibindo o livre exercício dos cultos; ou cerceando a liberdade de palavra, ou de imprensa, ou o direito do povo de se reunir pacificamente, e de dirigir ao Governo petições para a reparação de seus agravos.

A primeira disposição da *Bill of Rights* não é um direito fundamental, para utilizar a linguagem constitucional vigente, mas uma proibição, cuja prescrição é de o congresso não legislar no sentido de estabelecer uma religião, ou proibir o livre exercício dos cultos. Daí se pode deduzir um direito à liberdade religiosa, porém o contexto em que foi forjado esse dispositivo foi com o objetivo de superar as críticas dos Antifederalistas, que receavam que a União estabelecesse uma religião oficial.[202] E além disso preservava-se a autonomia dos Estados para disciplinarem sobre religião, uma vez que ainda havia Estados que se vinculavam a alguma religião como oficial.[203] Assim, a *Bill of Rights* para os Antifederalistas está intimamente conectada ao exercício de uma democracia local, isto é, foram instituídos como trunfos frente à União, utilizando-se a linguagem de Dworkin, para a preservação da autonomia dos Estados.

O modelo teórico dos antifederalistas é o da Democracia Republicana, cuja concepção funda-se na exigência de que a democracia implique o autogoverno da comunidade, baseada em cidadãos ativos e virtuosos, os quais se identifiquem com os seus

---

[200] GARGARELLA, Roberto. Em nome da Constituição. In: BORON, Atilio A. (Org.). *Filosofia Política Moderna*: de Hobbes à Marx. São Paulo: CLASCO – Consejo Latinoamericano de Ciencias Sociales; DCP-FFLCH – Departamento de Ciências Políticas, Faculdade de Filosofia, Letras e Ciências Humanas; USP – Universidade de São Paulo, 2006. p. 180.

[201] http://www.braziliantranslated.com/euacon01.html.

[202] STEINBERG, David E. *Thomas Jefferson's Establishment Clause Federalism. Hastings Const.*, n. 40, n. 2, p. 290-291, 2013.

[203] *Ibid.*, p. 292.

pares.[204] Nessa perspectiva, a federação é o sistema que viabiliza a participação local dos cidadãos no autogoverno.[205]

O embate entre federalistas e antifederalistas teve como suporte teórico comum Montesquieu, mas também é esse autor que aponta para uma outra perspectiva teórica ao mencionar a Holanda, a Alemanha e a Suíça como casos de sucesso do arranjo federativo ao tempo da elaboração da obra *O espírito das leis*, cuja primeira edição data de 1748.

Mas dentre esses casos, o da formação do Estado Holandês despertou tanto o interesse de Montesquieu quanto dos *founding fathers*.[206] A razão da influência foi a revolta holandesa. Em 1559, os grupos que habitavam a atual Holanda eram protestantes e estavam sujeitos ao Rei da Espanha, de religião católica, o que estava gerando conflitos que se acirraram com a chegada da Inquisição para expurgar as "heresias protestantes" daquela região.[207] Os conflitos se intensificaram e a consumação foi o Ato de Abjuração – uma declaração de independência dos súditos frente ao Monarca[208] –, que gerou a criação da União de Utrecht:

> Em 1579, o novo general qualificado de Felipe (Rei da Espanha), o Duque de Parma, confederou as 10 provinciais belgas do sul na União de Arras, e declarou a lealdade delas a Espanha e a Roma. Em resposta, as sete províncias holandesas do norte – Holland, Zeeland, Gelderland, Utrecht, Overijssel, Friesland, e Groningen – confederaram-se na União de Utrecht. A União de Utrecht consolidou e coordenou os esforços das provinciais holandesas nos aspectos militar, diplomático, comercial, tributário e estabeleceu os rudimentos de um governo confederado sob os Estados-Gerais e Casa de Orange. A União, entretanto, preservou a soberania legal e política de cada província.[209]

---

[204] *Ibid.*, p. 291.

[205] SCHAPIRO, Robert A. *Polyphonic Federalism*: Toward the Protection of Fundamental Rights. Chicago: The University of Chicago Press, 2009.

[206] WITTE JR, John. Natural Rights, Popular Sovereignty, and Covenant Politics: Johannes Althusius and the Dutch Revolt and Republic. *U. Det. Mercy L. Rev.*, v. 87, n. 4,, p. 622-623, 2010.

[207] *Ibid.*, p. 566.

[208] MUNIZ, Jordan Michel. *Representação política em Althusius e Hobbes*. 2012. 163 p. Dissertação (Mestrado em Filosofia) – Programa de Pós-Graduação em Filosofia, Centro de Filosofia e Ciências Humanas, Universidade Federal de Santa Catarina, Florianópolis, 2012. p. 37.

[209] WITTE JR, John. Natural Rights, Popular Sovereignty, and Covenant Politics: Johannes Althusius and the Dutch Revolt and Republic. *U. Det. Mercy L. Rev.*, v. 87, n. 4, p. 569, 2010.

CAPÍTULO 2
REGIÕES METROPOLITANAS E DEMOCRACIA | 81

Não foi apenas esse arranjo federativo que provocou tanto interesse sobre a revolta holandesa, mas sim e, sobretudo, a contestação da soberania nas mãos do rei e a sua substituição por uma soberania do povo. Essa ruptura, ainda que influenciada por motivos religiosos, é que foi a grande fonte de discussões e embates teóricos que emergiram.[210] Novamente, tem-se a conexão entre federalismo e democracia.

Durante os séculos XVI e XVII surgiram vários pensadores tentando compreender esse novo problema teórico gerado pela revolta holandesa, dentre os quais o nome de Johannes Althusius se destaca,[211] e cujo aporte teórico apresenta um outro modo de relacionar federalismo e democracia.

Althusius nasceu por volta de 1557 em Diedeshausen, Westfália, tendo estudado Direito, Teologia e Filosofia. Tornou-se professor na Universidade Herborn. Mais tarde, mudou-se para Emden, uma importante cidade portuária que se localizava próxima à União de Utrecht, na qual desempenhou as atividades de conselheiro legal da cidade, assim como foi eleito ancião da Igreja Reformada de Emden. Seu pensamento foi fortemente influenciado pelo calvinismo.[212]

A natureza do pensamento de Althusius relativamente ao federalismo é fonte de controvérsia. Para alguns, trata-se de um medievalista. Para outros, um precursor do moderno federalismo.[213] E é esse o fato que explica o interesse pelo pensamento desse autor.

Tradução livre nossa do inglês: "(...) In 1579, Philip's able new general, the Duke of Parma, confederated the ten southern Belgian provinces in the Union of Arras, and declared their loyalty to Spain and faithfulness to Rome. In response, the seven northern Dutch provinces of Holland, Zeeland, Gelderland, Utrecht, Overijssel, Friesland, and Groningen confederated in the Union of Utrecht. The Union of Utrecht consolidated and coordinated the military, diplomatic, commercial, taxation, and related efforts of the Dutch provinces, and put in place the rudiments of a confederate government under the Estates-General and House of Orange. The Union, however, preserved the political and legal sovereignty of each province (...)".

[210] WITTE JR, John. WITTE JR., John. Natural Rights, Popular Sovereignty, and Covenant Politics: Johannes Althusius and the Dutch Revolt and Republic. *U. Det. Mercy L. Rev.*, v. 87, n. 4, p. 570, 2010.

[211] *Ibid.*, p. 572-573.

[212] *Ibid.*, p. 573-574.

[213] ALTHUSIUS, Johannes. *Política*: Uma tradução reduzida de *Política* metodicamente apresentada e ilustrada com exemplos sagrados e profanos. Rio de Janeiro: Editora Topbooks, 2003. p. 54-55.

Althusius articula uma compreensão integrada entre Política e Direito[214] e busca desenvolver uma justificativa para a transferência da soberania do Monarca para o povo, em contraposição àquilo que defendia Bodin, para quem a soberania desaparece uma vez comunicada aos súditos ou ao povo.[215] Por essa razão, define a Política como

> (...) a arte de reunir os homens para estabelecer vida social comum, cultivá-la e conservá-la. Por isso, é chamada "simbiótica". O tema da política é, portanto a associação (*consociatio*), na qual os simbióticos, por intermédio de pacto explícito ou tácito, se obrigam entre si à comunicação mútua daquilo que é necessário e útil para o exercício harmônico da vida social.[216]

A partir dessa definição, articula todo seu pensamento, tendo como premissa fundamental aquilo que chamou de vida simbiótica, em que o indivíduo está sempre integrado a associações privadas e públicas – família, corporações, igreja, cidades, províncias e reino –, cujo conceito é de uma

> sociedade mista, constituída parcialmente de associações voluntárias, privadas, naturais e necessárias, e parcialmente de associações públicas, é chamada de universal. É um corpo político no sentido mais completo, um império, reino, comunidade, e o povo fica unido num só organismo pelo acordo de muitas associações e corpos particulares simbióticos, todos sob um só direito. As famílias, as cidades e as províncias existiram, por suas próprias naturezas, antes dos reinos, e são elas que fazem surgir esses reinos.[217]

---

[214] "(...) por conseguinte, o jurista obtém informação, instrução e conhecimento sobre esses fatos não da jurisprudência, mas daqueles que tem experiência nessas outras artes. A partir dessa informação, ele fica em condições de julgar mais corretamente sobre o direito e o mérito do fato. Assim é que muitos juristas escrevem e ensinam sobre direitos de soberania (*jura majestatis*), ainda que tais direitos sejam tão inerentes à política, que, se fossem retirados, quase nada restaria à política, ou muito pouco justificaria sua existência. Ora, o cientista político ensina, devidamente, quais são as fontes da soberania (*capita majestatis*) e investiga e determina o que deve ser essencial para a constituição de uma comunidade. O jurista, por outro lado, trata, devidamente, do direito (*jus*) que deriva em certas ocasiões dessas fontes de soberania e do contrato entre o povo e o príncipe. Ambos, portanto, *discutem direitos de soberania: o cientista político, os fatos dessa soberania; o jurista, seus direitos* (...)". ALTHUSIUS, Johannes. *Política*: uma tradução reduzida de *Política* metodicamente apresentada e ilustrada com exemplos sagrados e profanos. Rio de Janeiro: Editora Topbooks, 2003. p. 91.

[215] *Ibid.*, p. 91.

[216] *Ibid.*, p. 103.

[217] *Ibid.*, p. 173.

CAPÍTULO 2
REGIÕES METROPOLITANAS E DEMOCRACIA | 83

E por essa razão afirma que os direitos de soberania não são de propriedade do Rei, que apenas os administra por concessão do corpo associado. Os direitos de soberania tampouco são de titularidade dos indivíduos, mas de todos os membros em conjunto e de todo o corpo associado.[218] Althusius é um contratualista sem se valer do individualismo metodológico, na medida em que a Política é a arte de consorciar-se e o indivíduo está inserido nessa teia de várias associações.[219] E o fundamento da legitimidade das associações políticas – cidades, províncias e reino – reside na vida simbiótica, isto é, na comunicação entre os cidadãos para a promoção da autossuficiência da comunidade, provendo-se bens, serviços, direitos e concórdia mútua, o que é estabelecido pelo consentimento de todos.[220] E a concórdia é "fomentada e protegida pela imparcialidade (*aequabilitas*), quando a cada cidadão, de acordo com a ordem e distinção de seu valor e status, se estendem direitos, liberdade e honra (...)".[221] É por esse motivo que Althusius justifica a deposição de um rei ou magistrado tirano e o direito de secessão, isto é, de províncias que se sentirem violadas em seu direito, se desligarem do reino[222] – foi o que aconteceu no episódio da revolta holandesa.

Para Scott, a influência de Althusius para a teoria do federalismo é evidente, pois trata-se de um arcabouço teórico no qual vários níveis de governo somente têm legitimidade se há cooperação e comunicação e se articulam indivíduo e comunidade sem o sacrifício da individualidade.[223] Portanto, de acordo com Scott, assim como muitos contemporâneos que sustentam a Democracia Deliberativa, Althusius já considerava a comunicação como indispensável para a vida política,[224] o que deságua no último modelo teórico que articula democracia e federalismo.

---

[218] *Ibid.*, p. 173-184.

[219] MUNIZ, Jordan Michel. *Representação política em Althusius e Hobbes*. 2012. 163 p. Dissertação (Mestrado em Filosofia) – Programa de Pós-Graduação em Filosofia, Centro de Filosofia. p. 42.

[220] ALTHUSIUS, Johannes. *Política*: uma tradução reduzida de *Política* metodicamente apresentada e ilustrada com exemplos sagrados e profanos. Rio de Janeiro: Editora Topbooks, 2003. p. 145-151.

[221] *Ibid.*, p. 150.

[222] *Ibid.*, p. 358.

[223] SCOTT, Kyle. *Federalism*: A Normative Theory and its Practical Relevance. London; New Delhi New York; Sidney: Bloomsbury Publishing, 2011. E-book.

[224] *Ibid.*

A comunicação como elemento central para a prática da democracia é um fundamento do que se pode nomear de Democracia Deliberativa, no qual se supõe que as decisões devam ser precedidas de um amplo processo de discussão com a participação de todos os potenciais afetados pela decisão.[225] Distingue-se do modelo liberal porque nesse a ausência de participação é bem vista; diferencia-se do modelo republicano, pois a discussão pode gerar facções; logo, no modelo republicano, é necessário que os cidadãos sejam virtuosos.[226]

Nessa perspectiva da Democracia Deliberativa, o fundamento da federação é o de um regime deliberativo entre os diversos entes da federação e demais grupos e associações integrantes da sociedade. O regime deliberativo retira a tensão entre liberalismo moderno e virtude antiga.[227] A federação é concebida como um modo de reunir grupos diversos tendo como diretriz que o governo descentralizado será mais sensível às necessidades de uma sociedade heterogênea.[228] Portanto, a federação é pensada como um modo de organização estatal que incentiva a pluralidade e o diálogo.[229] Na Democracia Deliberativa, rejeita-se a supremacia judicial, uma vez que todas as questões constitucionais devem estar abertas à discussão pública por todos os afetados.[230] Essa relação entre Democracia Deliberativa e federalismo é adotada como justificativa externa ao texto constitucional para a interpretação constitucional do regime jurídico das Regiões Metropolitanas.

---

[225] GARGARELLA, Roberto. Theories of Democracy, the Judiciary and Social Rights. In: GARGARELLA, Roberto; DOMINGO, Pilar; ROUX, Theunis (Ed.). *Courts and Social Transformation in new Democracies*: An Institutional Voice for the Poor?. Aldershot: Ashgate Publishing Limited, 2006. p. 27.

[226] *Ibid.*, p. 27-28.

[227] SCOTT, Kyle. *Federalism*: A Normative Theory and its Practical Relevance. London; New Delhi New York; Sidney: Bloomsbury Publishing, 2011. E-book.

[228] *Ibid.*

[229] SCHAPIRO, Robert A. *Polyphonic Federalism*: Toward the Protection of Fundamental Rights. Chicago: The University of Chicago Press, 2009.

[230] GARGARELLA, Roberto. Theories of Democracy, the Judiciary and Social Rights. In: GARGARELLA, Roberto; DOMINGO, Pilar; ROUX, Theunis (Ed.). *Courts and Social Transformation in new Democracies*: An Institutional Voice for the Poor?. Aldershot: Ashgate Publishing Limited, 2006. p. 28.

2.3 Democracia Deliberativa e Regiões Metropolitanas

A relação entre gestão das metrópoles e democracia auxilia a formulação de respostas para as indagações: Por que não fundir os Municípios e criar um ente político? Por que governança? Se a fusão representa uma opção mais adequada do ponto de vista da eficiência, como fazê-la? Em que medida o processo democrático deve influir tanto na formação de governança metropolitana quanto na fusão de Municípios?

O STF definiu o arranjo institucional em larga escala das Regiões Metropolitanas. Entretanto, a Constituição Federal apresenta outras possibilidades para a gestão das metrópoles como, por exemplo, a fusão de Municípios (art. 18, §4º da CF) ou até mesmo Municípios que poderiam se converter em um Estado (art. 18, §3º da CF). Essa última hipótese foi o caso do Estado do Guanabara e é o caso do Distrito Federal, uma vez que não existe a figura do Estado-membro e do Município, pois o Distrito Federal congrega as competências estaduais e municipais (art. 32 da CF).

Entretanto, como aponta Sancton com argúcia, qualquer desses arranjos institucionais pressupõe que exista um autogoverno sobre um território delimitado, o que constitui um grande equívoco, porquanto as fronteiras nunca serão estáticas, nunca serão aceitas por todos e sempre serão contestadas.[231] Afirma também que os limites dos territórios das grandes metrópoles são tão arbitrários quanto as fronteiras desenhadas na África pelas superpotências europeias coloniais.[232] Cita o caso da cidade de Nova York, que passou por um processo de fusão em 1898 em que os entes locais de Manhattan, Brooklyn, Richmond, Bronx e Staten Island foram fundidos e, apesar desse fato, a área urbana ao redor da cidade continuou a crescer, embora os limites permaneçam os mesmos mais de cem anos depois da fusão.[233]

---

[231] SANCTON, Andrew. *The Limits of Boundaries*: Why City-Regions Cannot Be Self-Governing. Montreal & Kingston; London; Ithaca: McGill-Queen's University Press: 2008. E-book.

[232] *Ibid.*

[233] *Ibid.*

Ford partilha de compreensão semelhante ao afirmar que a soberania territorial é um paradoxo legal, uma vez que é vinculante e totalmente arbitrária. Em outras palavras, os limites territoriais definem o âmbito espacial de atuação estatal e são criações, artefatos. Afirma que essa realidade abrange fronteiras entre Estados, unidades subnacionais e unidades locais.[234]

Ford apresenta características dessa soberania territorial. A primeira é óbvia, pois a soberania é territorial, ou seja, é exercida sobre um território delimitado. A segunda é a de que as fronteiras não são ambíguas ou contestadas. A existência de controvérsia sobre os limites da soberania territorial é vista como uma anomalia.[235]

Por esse motivo, a soberania territorial deve ser concebida de maneira abstrata e homogênea, isto é, por meio de um espaço vazio. Ford observa que essa característica tem relação com o desenvolvimento da moderna cartografia, o que aponta para o caráter recente dessa noção de soberania territorial. Como consequência dessa abstração, a soberania territorial pode obscurecer relações sociais e de distribuição de recursos. A abstração tende também a apresentar as relações sociais e políticas de maneira impessoal. São por essas razões que afirma que a soberania territorial é conceitualmente vazia, pois tende a reduzir o território a um vaso vazio para o exercício do poder governamental.[236] A última característica é a de que a soberania territorial tende a produzir mapas contínuos, isto é, ausentes de espaço sem exercício de soberania.[237]

O caso Holt Civic Club vs. City of Tuscaloosa decidido pela Suprema Corte norte-americana é utilizado por Ford para evidenciar o caráter arbitrário para a definição dos limites do exercício da soberania territorial, isto é, de que o Direito, comumente, não indaga sobre as razões pelas quais se define os limites do território.[238]

---

[234] FORD, Richard T. Law's Territory (A History of Jurisdiction). *In Michigan Law Review*, v. 97, n. 4, p. 850-851, 1999.

[235] *Ibid.*, p. 853.

[236] *Ibid.*, p. 853-854.

[237] *Ibid.*, p. 854.

[238] *Ibid.*, p. 846-852.

Nos Estados Unidos, os governos locais[239] não são entes federativos. Tradicionalmente, os Estados-membros têm uma completa hegemonia sobre os governos locais, pois os governos locais são criaturas e agentes delegados dos Estados-membros. Os governos locais somente teriam os poderes que os Estados membros lhes outorgassem. Essa noção forjada pela jurisprudência norte-americana é denominada de Dillon's Rule,[240] que restou consagrada no julgamento do caso Hunter vs. City of Pittsburgh em 1907 pela Suprema Corte norte-americana.

O caso Holt Civic Club vs. City of Tuscaloosa se situa nessa tradição constitucional. Nesse caso, a associação civil Holt Civic Club e mais algumas pessoas se insurgiram contra o exercício do poder de polícia da cidade de Tuscaloosa. O fato é que o Estado-membro outorgava poder de polícia, bem como a prestação de serviços públicos pela cidade de Tuscaloosa para toda a região que se estendesse além das três milhas dos limites geográficos da cidade. Os moradores que propuseram a demanda judicial contra a cidade de Tuscaloosa se situavam fora dos limites legais da cidade, porém dentro do âmbito das três milhas. E, por essa razão, estavam sujeitos ao exercício do poder de polícia pela cidade de Tuscaloosa, mas não podiam votar nas eleições para os cargos políticos da cidade de Tuscaloosa. Esse aspecto, evidentemente, foi o ponto de controvérsia, isto é, a desconexão entre governo local e democracia.

A Corte, por maioria, decidiu que as prescrições do Estado de Alabama que outorgavam esses poderes a Tuscaloosa eram constitucionais. Embora a decisão apresente vários argumentos, vale a pena destacar um dos fundamentos do relator Justice Rehnquist, que afirma que o argumento de que a extensão extraterritorial dos poderes locais deveria vir acompanhada de extensão do direito de

---

[239] Será utilizada a expressão "governo local" porque, diferentemente do Brasil, em que o governo local é identificado com o Município, nos Estados Unidos existe uma variedade de arranjos organizacionais conhecidos como *cities*, *counties*, *towns*, *townships*, *boroughs*, *villages*, *school districts* e outros tantos. Conferir LIBONATI, Michael E. State Constitutions and Local Government in the United States. In: STEYTLER, Nico (Org.). *The Place and the Role of Local Government in Federal Systems*. Johannesburg: Konrad-Adenauer-Stiftung, 2005. p. 11.

[240] MOREIRA, Jason. Regionalism, Federalism, and the Paradox of Local Democracy: Reclaiming State Power in Pursuit of Regional Equity. *Rutgers University Law Review*, v. 67, n. 2, p. 506, 2015.

votar prova demais, pois várias decisões da cidade inevitavelmente afetam moradores que estão fora dos limites geográficos, tais como licenças para indústrias e altos edifícios que contribuem para uma piora do trânsito.

Esse argumento de Rehnquist demonstra, na realidade, como a conexão entre democracia e metrópoles é complexa, pois os entes locais geram externalidades negativas em outras áreas que estão fora dos limites geográficos. Além disso, essa decisão ilustra muito bem o conceito de soberania territorial de Ford, na medida em que os limites territoriais são construções sociais, ou nas palavras que Rehnquist utilizou no julgamento, são uma técnica de governo.

Entretanto, em razão de decisões de cortes estaduais e federais, a Dillon's Rule tem se esvaziado em nome de um Home Rule, na qual os Estados-membros devem necessariamente outorgar poderes aos governos locais, tais como regulação do uso do solo urbano e educação, a fim de que que seja implementado o ideal de autogoverno local.[241] Argumenta-se que, teoricamente, a doutrina do Home Rule maximizaria os valores democráticos e a autonomia local ao estabelecer uma relação semelhante entre Estados-membros e governos locais à da União com os Estados-membros, o que é fonte de controvérsia.[242] Aparentemente, os paradigmas da Democracia Liberal e da Democracia Republicana dariam suporte ao Home Rule. Pelo paradigma liberal, a divisão do poder limita o poder. Na visão republicana, o poder exercido pelos agentes políticos deveria estar o mais próximo possível dos eleitores.

Contudo, a pretensão de secessão das comunidades de San Fernando Valley, Harbor Area (San Pedro, Wilmington e Harbor City) e Hollywood da cidade de Los Angeles demonstra que esses argumentos de democracia local podem favorecer práticas segregacionistas. O objetivo da secessão não foi alcançado nas urnas, mas trata-se de um fato histórico relevante, na medida em que existia uma disputa entre os conceitos de território público e privatização do território. O território público é a noção de democracia local porque a secessão valorizaria a proximidade entre eleitos e eleitores.

---

[241] *Ibid.*, p. 507.
[242] *Ibid.*, p. 507.

A privatização do território é a criação de cidades de maioria branca e de alta renda.[243] Novamente, a relação entre democracia e território sendo mais complexa do que aparenta. Outro caso decidido pela Suprema Corte norte-americana – Milliken vs. Bradley –, embora relativo a distritos escolares, ilustra a problemática entre delimitação de território e democracia. Nesse caso, os litigantes almejavam criar um sistema escolar interdistrital na Metrópole de Detroit como meio de superar uma segregação racial de fato, pois argumentavam que o desenho dos territórios dos distritos escolares gerava distritos escolares majoritariamente brancos e majoritariamente negros, o que, na prática, implicava a negação do caso Brown vs. Board of Education. A Suprema Corte norte-americana reviu por 5x4 a decisão da instância inferior que havia determinado a criação do sistema escolar interdistrital em que os alunos de várias localidades seriam integrados. Interessante destacar o seguinte fundamento que consta na ementa do julgado:

> (b) Enquanto as linhas territoriais podem ter sido construídas em circunstâncias nas quais uma violação constitucional pede por uma reparação interdistrital, os limites dos distritos escolares não podem ser casualmente ignorados ou tratados como simples conveniência administrativa; o controle local substancial sobre educação pública nesse país é uma tradição profundamente enraizada.[244]

O interessante é o argumento da democracia local. A Suprema Corte norte-americana confere uma autonomia ao distrito escolar que contraria o Dillon's Rule segundo a qual esses entes locais são meras criaturas e agentes do Estado-membro, além de tornar imune de indagação os limites territoriais dos distritos escolares.[245]

A África do Sul apresenta um cenário diferente e relevante para a compreensão das relações entre território e democracia. Na

---

[243] FRUG, Gerald E. Is Secession from the City of Los Angeles a Good Idea? *UCLA Law Review*, v. 49, n. 6, p. 1783-1799.

[244] Tradução livre nossa do inglês: "(b) While boundary lines may be bridged in circumstances where there has been a constitutional violation calling for inter-district relief, school district lines may not be casually ignored or treated as a mere administrative convenience; substantial local control of public education in this country is a deeply rooted tradition".

[245] MOREIRA, Jason. Regionalism, Federalism, and the Paradox of Local Democracy: Reclaiming State Power in Pursuit of Regional Equity. *Rutgers University Law Review*, v. 67, n. 2, p. 526, 2015.

Constituição da África do Sul, a esfera local de governo tem assento constitucional[246] e tem assegurado um certo grau de autonomia,[247] o que encontra semelhança com o Brasil. Todavia, a África do Sul apresenta uma multiplicidade de regimes jurídicos para as esferas locais,[248] em vez do tratamento uniforme no Brasil que é conferido ao município de São Paulo – SP e ao município de Corrente – PI.

A relevância do caso da África do Sul se dá porque, ao tempo do *apartheid*, as instituições locais eram marcadas pelo racismo, na medida em que existia a separação espacial entre brancos e negros. Daí a importância que as esferas locais têm na Constituição da África do Sul, na medida em que se tornaram instituições fundamentais para a superação do antigo regime segregacionista e, por consequência, uma redistribuição mais equitativa dos recursos financeiros.[249] E um dos mecanismos utilizados foi a criação e fortalecimento das municipalidades metropolitanas que abrangem grandes áreas antes segmentadas racialmente e fragmentadas politicamente.[250] O caso da África do Sul é ilustrativo de que instâncias mais abrangentes de poder servem ao processo democrático mediante superação da desigualdade racial e social. Os paradigmas liberal e republicano de democracia não são capazes de acomodar essas relações entre território e democracia. No Canadá, também se tem alguns exemplos de como essas relações entre território e democracia são complexas.

---

[246] "*40. Government of the Republic*
(1) In the Republic, government is constituted as national, provincial and local spheres of government which are distinctive, interdependent and interrelated.
(2) All spheres of government must observe and adhere to the principles in this Chapter and must conduct their activities within the parameters that the Chapter provides".

[247] STEYTLER, Nico. Local Government in South Africa: Entrenching Decentralised Government. In: STEYTLER, Nico (Org.). *The Place and the Role of Local Government in Federal Systems*. Johannesburg: Konrad-Adenauer-Stiftung, 2005. p. 183.

[248] "*155. Establishment of municipalities*
(1) There are the following categories of municipality:
(a) Category A: A municipality that has exclusive municipal executive and legislative authority in its area.
(b) Category B: A municipality that shares municipal executive and legislative authority in its area with a category C municipality within whose area it falls.
(c) Category C: A municipality that has municipal executive and legislative authority in an area that includes more than one municipality".

[249] STEYTLER, Nico. Local Government in South Africa: Entrenching Decentralised Government. In: STEYTLER, Nico (Org.). *The Place and the Role of Local Government in Federal Systems*. Johannesburg: Konrad-Adenauer-Stiftung, 2005. p. 183-184, 187.

[250] *Ibid.*, p. 190.

O Canadá é um Estado federal, cujas unidades subnacionais são denominadas de províncias. Tradicionalmente, o regime jurídico dos entes locais segue a regra norte-americana do Dillon's Rule, que foi transplantada para o Canadá,[251] porém, tal qual nos Estados Unidos, há um forte movimento pró-autonomia dos entes locais, que tem ganhado força, inclusive nos tribunais.[252]

O Canadá apresenta vários casos de fusão de entes locais que geraram fortes controvérsias. Em poucos casos as fusões foram precedidas de participação popular – como a fusão das cidades de Abbotsford e Matsqui na província de British Columbia. Na maioria dos casos, as fusões ocorreram por meio de legislação das províncias, sem consulta às comunidades diretamente afetadas. E em casos extremos – como o de Toronto em 1997 –, a fusão ocorreu mesmo sem a aprovação no referendo.[253] As fusões têm sido reavaliadas e, em alguns casos, têm ocorrido secessões em entes locais que são resultado de fusões.[254]

Em relação a esse movimento de secessão – ou como os canadenses chamam, desamalgamação –, o caso de Montreal na Província de Québec é emblemático. A Província de Québec é envolvida pela disputa entre o grupo majoritário francófono e o grupo minoritário anglófono. No ano de 2000 foi aprovada na Província de Québec uma lei de fusões municipais, cujo objetivo era promover fusões em larga escala em toda a província.[255] Essa lei foi aprovada sem referendo, salvo consultas não vinculantes, bem como previa que as novas megacidades seriam unilíngues francesas.[256]

Na região de Montreal, 28 municipalidades foram fundidas, criando-se a nova Megacidade Montreal, cuja gestão foi atribuída

---

[251] LEVI, Ron; VALVERDE, Mariana. Freedom of the City: Canadian Cities and the Quest for Governmental Status. *Osgoode Hall Law Journal*, v. 44, n. 3, p. 415, 2006º.

[252] *Ibid.*, p. 422-423.

[253] LAZAR, Harvey; SEAL, Aron. Local Government: Still a Junior Government? The Place of Municipalities within the Canadian Federation. In: STEYTLER, Nico (Org.). *The Place and the Role of Local Government in Federal Systems*. Johannesburg: Konrad-Adenauer-Stiftung, 2005. p. 31.

[254] MILJAN, Lydia; SPICER, Zachary. *De-Amalgamation in Canada*: Breaking up is Hard to Do. Vancouver: Fraser Institute, 2015.

[255] TEPPER, Chad E. The Effects of Quebec's Municipal Merger Law on Montreal: Mega-City or Mega-Blunder?. *Cardozo J. International and Comparative Law*, v. 11, n. 3, p. 1127-1128, 2004º.

[256] *Ibid.*, p. 1130.

a um nível superposto de governo denominado de Comunidade Metropolitana de Montreal, que abrangia toda a área metropolitana, enquanto as antigas municipalidades foram convertidas em distritos.[257] E foi permitido a esses distritos que fossem anglófonos ou que permanecessem com seu status de bilíngue, porém vários serviços públicos que eram prestados por esses distritos foram transferidos para a Megacidade de Montreal, que é unilíngue francófona.[258] Esse fato gerou grande mal-estar entre as comunidades anglófonas, que se socorreram ao Judiciário alegando violação à Carta de Direitos Humanos e Liberdades. O caso – Baie d'Urfé (Ville) vs. Québec terminou por ser analisado pela Suprema Corte Canadense, que negou o pedido de declaração de nulidade da lei que prescreveu as fusões.[259]

Embora a Suprema Corte canadense tenha reconhecido a constitucionalidade da lei, as fusões continuaram a gerar controvérsias e embates na região de Montreal. Em 2013, foi aprovada uma lei para se admitir a consulta às comunidades afetadas e verificar se existia o interesse na secessão da Megacidade de Montreal, o que ocorreu em alguns casos, criando um sistema extremamente complexo de gestão territorial.[260] O caso de Montreal demonstra como as relações entre território e democracia são complexas e que a definição dos limites territoriais são decisões de cunho político.

O Canadá apresenta outro caso relevante sobre os modos de organização política possíveis para as megacidades. É o caso de Toronto e a sua pretensão de se tornar uma Província,[261] isto é, uma cidade-Estado. Entretanto, Sancton apresenta a objeção que atinge todos os casos de formação de cidade-Estado: o problema do remanescente.[262] O problema do remanescente surge diante

---

[257] MILJAN, Lydia; SPICER, Zachary. *De-Amalgamation in Canada*: Breaking up is Hard to Do. Vancouver: Fraser Institute, 2015. p. 14.

[258] TEPPER, Chad E. The Effects of Quebec's Municipal Merger Law on Montreal: Mega-City or Mega-Blunder?. *Cardozo J. International and Comparative Law*, v. 11, n. 3, p. 1134-1135, 2004º.

[259] NGUYEN, Olivier. *Document of Jurisprudence Concerning Language Rights Protected by the Canadian Charter of Rights and Freedom*. LRSP – Language Rights Program, Janeiro de 2013. p. 4.

[260] MILJAN, Lydia; SPICER, Zachary. *De-Amalgamation in Canada*: Breaking up is Hard to Do. Vancouver: Fraser Institute, 2015. p. 14-15.

[261] SANCTON, Andrew. *The Limits of Boundaries*: Why City-Regions Cannot Be Self-Governing. Montreal & Kingston; London; Ithaca: McGill-Queen's University Press: 2008. E-book.

[262] *Ibid.*

da impossibilidade de haver acordo sobre qual área constitui Toronto, isto é, sempre existirão municipalidades que poderiam ser incorporadas para se formar uma cidade-Estado.[263] Sancton apresenta uma exceção a essa regra: Madrid.

O Estado Espanhol é um Estado Regional, ou seja, permanece sendo um Estado unitário, e não federal, porém dividido em comunidades autônomas que têm seu regime jurídico e, por consequência, sua autonomia, assegurada mediante aprovação de estatutos, cuja natureza é legal, mas com processo diferenciado de aprovação.[264] Os municípios têm o regime jurídico definido por lei do ente central,[265] embora gozem de autonomia constitucional (art. 140 da Constituição Espanhola),[266] e as províncias são o agrupamento de municípios (art. 141 da Constituição Espanhola).[267]

Madrid é definida como uma Comunidade Autônoma Uniprovincial, isto é, as atribuições e recursos financeiros que seriam das províncias são assumidas pela Comunidade Autônoma, extinguindo-se a figura das províncias.[268] Dessa maneira, Madrid situa-se nessa configuração jurídica de cidade-Estado.

De acordo com Sancton, o sucesso do caso de Madrid como cidade-Estado é acidental e deve-se a fatores geográficos, em razão

---

[263] *Ibid.*

[264] MONTANER, Luís Cosculluela. *Manual de derecho administrativo*: parte general. 21. ed. Madrid: Editora Thomson Reuters, 2010. p. 200-202.

[265] Registre-se que a Espanha tem um amplo leque de entidades locais com diversificado regime jurídico. Conferir Luís Cosculluela. *Manual de derecho administrativo*: parte general. 21. ed. Madrid: Editora Thomson Reuters, 2010. p; 233-266. PASTOR, Juan Alfonso Santamaría. *Principios de Derecho Administrativo General*. 2. ed. Madrid: Iustel, 2009. t. 1, p. 519-578.

[266] "Artículo 140. La Constitución garantiza la autonomía de los municipios. Estos gozarán de personalidad jurídica plena. Su gobierno y administración corresponde a sus respectivos Ayuntamientos, integrados por Alcaldes y los Concejales. Los Concejales serán elegidos por los vecinos del municipio mediante sufragio universal, igual, libre, directo y secreto, en la forma establecida por la ley. Los Alcaldes serán elegidos por los Concejales o por los vecinos. La ley regulará las condiciones en las que proceda el régimen del concejo abierto".

[267] "Artículo 141. 1. La provincia es una entidad local con personalidad jurídica propia, determinada por la agrupación de municipios y división territorial para el cumplimiento de las actividades del Estado. Cualquier alteración de los límites provinciales habrá de ser aprobada por las Cortes generales mediante ley orgánica. 2. El gobierno y la administración autónoma de las provincias estarán encomendadas a Diputaciones u otras Corporaciones de carácter representativo. 3. Se podrán crear agrupaciones de municipios diferentes de la provincia. 4. En los archipiélagos, las islas tendrán además su administración propia en forma de Cabildos o Consejos".

[268] MONTANER, Luís Cosculluela. *Manual de derecho administrativo*: parte general. 21. ed. Madrid: Editorial Thomson Reuters, 2010. p. 244.

de se localizar a 650 metros acima do nível do mar no Platô Ibérico e, uma vez fora da área construída, é necessário viajar 200 km para encontrar outra cidade com mais de 100.000 habitantes. Desse modo, de qualquer maneira que se defina o território da cidade de Madrid, está incluído na Comunidade Autônoma.[269]

Se Madrid é a exceção, o Distrito Federal no Brasil se enquadra na regra geral de Sancton. O Distrito Federal tem a configuração de cidade-Estado, na medida em que congrega as competências de Estado e Municípios, bem como goza de autonomia administrativa, política e financeira e constitui ente federativo, sendo vedada a criação de Municípios em seu território (arts. 1º, 18 e 32 da Constituição Federal).

Entretanto, as relações do Distrito Federal com os Municípios vizinhos têm se tornado cada vez mais complexas. Em 1998 foi criada a Região Integrada de Desenvolvimento do Distrito Federal e Entorno – RIDE, por meio da Lei Complementar nº 94/1998, que abrange 33 municípios pertencentes aos Estados de Goiás e de Minas Gerais, além de Brasília. Embora haja a RIDE, afirma-se que a Área Metropolitana de Brasília – AMB é um território menor que se encontra inserido na RIDE[270] e sem marco legal institucional. Dessa maneira, o Distrito Federal é mais um exemplo que confirma a regra de Sancton de que as cidades não estão contidas em seus limites geográficos e de que a solução das cidades-Estados não resolve os problemas.

Recentemente, tramitou no Congresso Nacional o Projeto de Decreto Legislativo nº 298/2002, para convocação de plebiscito para criação do Estado do Planalto Central que, basicamente, abrangeria a área da RIDE. Essa proposta foi rejeitada na Comissão de Constituição e Justiça. A eventual criação do Estado do Planalto Central não elidiria os problemas de gestão metropolitana, na medida em que permaneceria a questão da coordenação entre os Municípios e o novo Estado-membro.

Aliás, segundo Sancton, é difícil conceber um modelo ideal de gestão das metrópoles, uma vez que a convivência com os entes

---

[269] SANCTON, Andrew. *The Limits of Boundaries*: Why City-Regions Cannot Be Self-Governing. Montreal & Kingston; London; Ithaca: McGill-Queen's University Press: 2008. E-book.

[270] LARA, Henrique. *Brasília, uma cidade centenária*. Brasília: Companhia de Planejamento do Distrito Federal, 2016. (TD, 13). p. 28.

locais é inevitável, bem como em razão de o modelo com dois níveis de governo – local e metropolitano – ter sérias dificuldades operacionais.[271] Apresenta como alternativa à resolução de problemas metropolitanos a constituição de entidades especiais, como, por exemplo, entidade para cuidar de problemas de saneamento e água.[272] E propõe o resgate do papel dos Estados-membros na tarefa de ordenação territorial, na medida em que as cidades desbordam de seus limites geográficos.[273]

Dentro desse contexto, o Brasil deveria investir na construção de regimes jurídicos alternativos para a gestão dos problemas metropolitanos em vez de se insistir com um único modelo, como o da Região Metropolitana. No âmbito dos arranjos institucionais de larga escala, existem outros modos institucionais, como a fusão e incorporação de Municípios e a criação de cidade-Estado.

Entretanto, a definição de limites territoriais tem um alto componente político-jurídico, na medida em que impõe a reconfiguração de vários serviços públicos e centros decisórios. Daí a importância de resgatar a dimensão democrática desse processo. Sancton propõe inclusive um feudalismo democrático em vez de soberania territorial,[274] o que encontra paralelo com o pensamento de Althusius e o da Democracia Deliberativa. A convivência de vários entes políticos e territoriais na gestão das cidades e metrópoles é uma inevitabilidade, cuja insistência no conceito de soberania territorial limita os potenciais democráticos. A aceitação de várias comunidades e entidades políticas que têm como referência o mesmo território é admitida e acolhida como pressuposto de uma Democracia Deliberativa federativa.

Daí que a insistência com a afirmativa de que as Regiões Metropolitanas são associações compulsórias esvazia-se de sentido, uma vez que deveria se compreender a resolução dos arranjos institucionais metropolitanos como um processo de aprendizagem democrática em que a sociedade participasse e se manifestasse

---

[271] SANCTON, Andrew. *The Limits of Boundaries*: Why City-Regions Cannot Be Self-Governing. Montreal & Kingston; London; Ithaca: McGill-Queen's University Press: 2008. E-book.

[272] *Ibid.*

[273] *Ibid.*

[274] *Ibid.*

mediante referendo, o que não foi aceito pelo Supremo Tribunal Federal. O referendo cria um ambiente deliberativo, no qual outras alternativas podem ser criadas e forjadas.

Nos moldes do Projeto de Constituição da Comissão Afonso Arinos, o referendo tinha uma feição conservativa, na medida em que a não aprovação do referendo implicava a revogação da norma jurídica criadora da Região Metropolitana, tendo, portanto, natureza revocatória negativa.[275]

Nos casos das previsões de referendo nas Constituições Estaduais para constituição de Regiões Metropolitanas que foram reputadas como inconstitucionais, poder-se-ia argumentar que a previsão do referendo poderia gerar a não aplicação da Constituição Federal,[276] isto é, ao se revogar a norma jurídica que institui a Região Metropolitana, tornar-se-ia sem eficácia o §3º do art. 25 da Constituição Federal. No caso das Regiões Metropolitanas, ainda se poderia argumentar que, de acordo com o modelo do Projeto Afonso Arinos, em que seria necessária a manifestação favorável da maioria dos eleitores da maioria dos Municípios diretamente interessados, uma minoria poderia bloquear a constituição de uma Região Metropolitana. Entretanto, esse poder de veto de uma minoria cria um ambiente deliberativo que força as maiorias a buscarem consenso em vez de simplesmente se impor uma vontade majoritária, além de impor uma barreira jurídico-política aos abusos no ato de se desenhar os limites territoriais.[277] E é nesse processo de aprendizagem que as comunidades e pessoas envolvidas na gestão metropolitana podem ter a possibilidade de se engajar na resolução de problemas comuns.

Voltando à decisão do STF sobre o arranjo institucional das Regiões Metropolitanas, concorda-se com o modelo de gestão compartilhada entre Estado e Municípios com pesos diferenciados porque se revela mais compatível com a ordem federativa estabelecida na Constituição Federal de 1988, assim como nele o Estado-membro ainda permanece com um papel importante, sem sufocamento da autonomia municipal.

---

[275] SGARBI, Adrian. *O referendo*. Rio de Janeiro: Editora Forense, 1999. p. 230.

[276] *Ibid.*, p. 229.

[277] SCOTT, Kyle. *Federalism*: A Normative Theory and its Practical Relevance. London; New Delhi New York; Sidney: Bloomsbury Publishing, 2011.

Todavia, como afirma Sancton, é necessário se dedicar mais energia aos arranjos institucionais de pequena escala do que aos de larga escala.[278] Daí o desafio de esboçar um desenho institucional para as Regiões Metropolitanas, uma vez que o arranjo institucional de larga escala já foi definido pelo STF e a convivência entre vários entes estatais sob o mesmo espaço territorial é uma inevitabilidade.

---

[278] SANCTON, Andrew. *The Limits of Boundaries*: Why City-Regions Cannot Be Self-Governing. Montreal & Kingston; London; Ithaca: McGill-Queen's University Press: 2008. E-book.

CAPÍTULO 3

GOVERNANÇA METROPOLITANA

3.1 Estatuto das Metrópoles

O Estatuto das Metrópoles foi promulgado mediante a Lei nº 13.089/2015, apresentando no *caput* do seu art. 1º,[279] como fundamentos constitucionais para o exercício da competência legislativa da União, os incisos XX do art. 21,[280] IX do art. 23,[281] I do art. 24,[282] o §3º do art. 25,[283] e o art. 182[284] da Constituição Federal.

---

[279] "Art. 1º Esta Lei, denominada Estatuto da Metrópole, estabelece diretrizes gerais para o planejamento, a gestão e a execução das funções públicas de interesse comum em regiões metropolitanas e em aglomerações urbanas instituídas pelos Estados, normas gerais sobre o plano de desenvolvimento urbano integrado e outros instrumentos de governança interfederativa, e critérios para o apoio da União a ações que envolvam governança interfederativa no campo do desenvolvimento urbano, com base nos incisos XX do art. 21, IX do art. 23 e I do art. 24, no §3º do art. 25 e no art. 182 da Constituição Federal (...)".

[280] "Art. 21. Compete à União: (...) XX – instituir diretrizes para o desenvolvimento urbano, inclusive habitação, saneamento básico e transportes urbanos".

[281] "Art. 23. É competência comum da União, dos Estados, do Distrito Federal e dos Municípios: (...) IX – promover programas de construção de moradias e a melhoria das condições habitacionais e de saneamento básico".

[282] "Art. 24. Compete à União, aos Estados e ao Distrito Federal legislar concorrentemente sobre: I – direito tributário, financeiro, penitenciário, econômico e urbanístico (...)".

[283] "Art. 25. Os Estados organizam-se e regem-se pelas Constituições e leis que adotarem, observados os princípios desta Constituição. (...) §3º Os Estados poderão, mediante lei complementar, instituir regiões metropolitanas, aglomerações urbanas e microrregiões, constituídas por agrupamentos de municípios limítrofes, para integrar a organização, o planejamento e a execução de funções públicas de interesse comum".

[284] "Art. 182. A política de desenvolvimento urbano, executada pelo Poder Público municipal, conforme diretrizes gerais fixadas em lei, tem por objetivo ordenar o pleno desenvolvimento das funções sociais da cidade e garantir o bem-estar de seus habitantes. §1º O plano diretor, aprovado pela Câmara Municipal, obrigatório para cidades com mais

É interessante notar que são indicados como fundamentos constitucionais para o exercício da competência legislativa da União dispositivos que têm alto potencial de conflito federativo, uma vez que a competência privativa administrativa da União para instituir diretrizes sobre desenvolvimento urbano tem que se compatibilizar com a competência municipal para tratar de assuntos de interesse local (art. 30 da CF) e de execução da política de desenvolvimento urbano (art. 182 da CF). Por sua vez, é necessário identificar o modo pelo qual se opera a cooperação entre União, Estados e Municípios no exercício das competências comuns administrativas para a promoção de construção de moradias e melhoria das condições de saneamento básico. Ademais, o Estatuto das Metrópoles é localizado no âmbito do complexo conceito de normas gerais, em razão de se tratar de matéria de direito urbanístico, cuja competência legislativa é concorrente.

O Estatuto das Metrópoles identifica como fundamentos constitucionais a complexa e conflituosa relação entre as competências constitucionais dos entes federativos para tematizar o desenvolvimento urbano, o que aponta para a necessidade de cautela em face do sistema constitucional de repartição de competências.[285]

É o dilema de tentar traçar a linha, o limite entre as competências dos entes da federação que, no caso da dimensão do ordenamento territorial, torna-se mais complexo, na medida em que o espaço físico é único e o argumento kelseniano de que os entes da federação têm âmbito de validez espacial distintos é ficcional quando se trata de território. Inclusive, existe, além do direito urbanístico,

---

de vinte mil habitantes, é o instrumento básico da política de desenvolvimento e de expansão urbana. §2º A propriedade urbana cumpre sua função social quando atende às exigências fundamentais de ordenação da cidade expressas no plano diretor. §3º As desapropriações de imóveis urbanos serão feitas com prévia e justa indenização em dinheiro. §4º É facultado ao Poder Público municipal, mediante lei específica para área incluída no plano diretor, exigir, nos termos da lei federal, do proprietário do solo urbano não edificado, subutilizado ou não utilizado, que promova seu adequado aproveitamento, sob pena, sucessivamente, de: I – parcelamento ou edificação compulsórios; II – imposto sobre a propriedade predial e territorial urbana progressivo no tempo; III – desapropriação com pagamento mediante títulos da dívida pública de emissão previamente aprovada pelo Senado Federal, com prazo de resgate de até dez anos, em parcelas anuais, iguais e sucessivas, assegurados o valor real da indenização e os juros legais".

[285] ALMEIDA, Fernanda Dias Menezes de. Comentário ao artigo 21. In: CANOTILHO, J. J. Gomes; MENDES, Gilmar F.; SARLET, Ingo W.; STRECK, Lenio L. (Coord.). *Comentários à Constituição do Brasil*. São Paulo: Saraiva; Almedina, 2013. E-book.

o direito do ordenamento territorial, cujo objeto é a transformação do solo em um âmbito regional e nacional. Entretanto, a doutrina reconhece a extrema dificuldade em se diferenciar esses ramos do Direito, limitando-se a apontar alguns critérios diferenciadores com valor meramente indicativo.[286]

É importante assinalar que o direito do ordenamento territorial é uma dimensão presente no texto constitucional de 1988, embora negligenciada, na medida em que compete privativamente à União "elaborar e executar planos nacionais e regionais de ordenação do território e de desenvolvimento econômico e social" (art. 21, inciso IX da CF). E reconhecendo que o exercício da competência do ordenamento do território não pode ocorrer de maneira isolada pela União, veja-se a crítica de Almeida sobre esse dispositivo:

> Sem desdenhar das vantagens que podem resultar de um planejamento integrado – e isto é o que se supõe seja necessário para a elaboração e execução principalmente dos planos regionais a que se refere a Constituição –, o que se lamenta, numa linha de democracia participativa, é que se tenha perdido a oportunidade de tornar impositiva a audiência dos Estados e dos organismos regionais e municipais interessados, quando da elaboração dos diversos planos.
>
> Nesse sentido, constava, por exemplo, no anteprojeto da Comissão Afonso Arinos, que precedeu os trabalhos constituintes, a competência da União para planejar e promover o desenvolvimento nacional, ouvidos os Estados e os órgãos interessados (art. 72, XII). De fato, tanto para evitar previsíveis conflitos de competência entre as diversas instâncias de Poder como para evitar que se elaborem planos divorciados da realidade, ambiciosos ou sofisticados demais, e por isso mesmo fadados ao insucesso, é de todo recomendável que os destinatários de tais planos possam se manifestar sobre as diretrizes e princípios que lhes condicionarão o comportamento.[287]

Ainda sobre ordenamento territorial, registre-se que o Projeto de Lei nº 3.460/2004 de autoria do deputado Walter Feldman, que se converteu no Estatuto das Metrópoles, tinha como propósito, em sua primeira versão, a instituição de diretrizes para o planejamento

---

[286] CORREIA, Fernando Alves. *O plano urbanístico e o princípio da igualdade.* Coimbra: Livraria Almedina, 1989. p. 67.

[287] ALMEIDA, Fernanda Dias Menezes de. Comentário ao artigo 21. In: CANOTILHO, J. J. Gomes; MENDES, Gilmar F.; SARLET, Ingo W.; STRECK, Lenio L. (Coord.). *Comentários à Constituição do Brasil.* São Paulo: Saraiva; Almedina, 2013. E-book.

regional urbano, bem como a criação de um sistema nacional de planejamento regional e informações urbanas. Ao longo do trâmite legislativo, essa dimensão perdeu-se, tendo sido o Projeto de Lei reconfigurado para se conferir ênfase à governança metropolitana.

De um projeto inteiramente destinado à instituição de um sistema nacional de planejamento regional e informações urbanas, restou apenas a lacônica criação do Sistema Nacional de Desenvolvimento Urbano.[288] O artigo que disciplinava o Sistema Nacional de Desenvolvimento Urbano foi revogado pela Lei nº 13.683/2018, tendo sido incluído pelo mesmo diploma legal no Estatuto das Metrópoles o art. 16-A, que atribuiu à União a responsabilidade pela instituição de um sistema nacional de informações urbanas e metropolitanas.[289]

A ausência da dimensão do ordenamento territorial tem impacto na aplicação do Plano de Desenvolvimento Urbano Integrado, como se verá em tópico específico mais à frente. Por outro lado, a ênfase sobre a governança metropolitana expõe a questão que indaga se a União teria competência para legislar sobre governança metropolitana. Para Saule Júnior, a resposta é afirmativa, porquanto se estaria diante de normas gerais, bem como porque os assuntos metropolitanos são também assuntos nacionais,[290] e a temática nacional é indissociável da metropolitana. Desse modo, o Estatuto das Metrópoles consagra normas cogentes a serem observadas por Estados e Municípios quando se trata de instituição e gestão de Regiões Metropolitanas.

Contudo, o Estatuto das Metrópoles parece ter permanecido em dúvida sobre essa temática. Afirma que existe um regime de gestão

---

[288] "Art. 20. A aplicação das disposições desta Lei será coordenada pelos entes públicos que integram o Sistema Nacional de Desenvolvimento Urbano – SNDU, assegurando-se a participação da sociedade civil. §1º O SNDU incluirá um subsistema de planejamento e informações metropolitanas, coordenado pela União e com a participação dos Governos estaduais e municipais, na forma do regulamento. §2º O subsistema de planejamento e informações metropolitanas reunirá dados estatísticos, cartográficos, ambientais, geológicos e outros relevantes para o planejamento, a gestão e a execução das funções públicas de interesse comum em regiões metropolitanas e em aglomerações urbanas. §3º As informações referidas no §2º deste artigo deverão estar preferencialmente georreferenciadas".

[289] "Art. 16-A. A União apoiará as iniciativas dos Estados e dos Municípios voltadas à governança interfederativa e promoverá a instituição de um sistema nacional de informações urbanas e metropolitanas, observadas as diretrizes do plano plurianual, as metas e as prioridades fixadas pelas leis orçamentárias anuais".

[290] SAULE JÚNIOR, Nelson. *Direito urbanístico*: vias jurídicas das políticas urbanas. Porto Alegre: Sergio Antônio Fabris Ed., 2007. p. 97.

CAPÍTULO 3
GOVERNANÇA METROPOLITANA | 103

plena para as Regiões Metropolitanas e aglomerações urbanas que possuem formalização e delimitação mediante lei complementar estadual, estrutura de governança interfederativa (art. 8º do Estatuto das Metrópoles) e plano de desenvolvimento urbano integrado aprovado mediante lei estadual (art. 2º, inciso III do Estatuto das Metrópoles). A noção de gestão plena remete aos conceitos do SUS, no qual se estabeleceu regimes jurídicos de gestão plena e gestão limitada para os Municípios, de acordo com o atendimento de determinados requisitos. No caso do Estatuto das Metrópoles, o apoio da União à governança interfederativa em Região Metropolitana ou Aglomeração Urbana está vinculado à exigência de gestão plena.[291]

Por outro lado, existia, na redação originária do art. 21 do Estatuto das Metrópoles,[292] a imposição de sanções por improbidade administrativa ao Governador ou agente público que se omitisse na elaboração e aprovação do Plano de Desenvolvimento Urbano Integrado, tanto na hipótese de uma Região Metropolitana ou Aglomeração Urbana com regime jurídico de gestão plena, quanto na hipótese da Região Metropolitana ou Aglomeração Urbana que se encontrasse sob outro regime jurídico.

Assinale-se, todavia, que a Lei nº 13.683/2018 revogou inteiramente o art. 21 do Estatuto das Metrópoles, remanescendo a

---

[291] "Art. 14. Para o apoio da União à governança interfederativa em região metropolitana ou em aglomeração urbana, será exigido que a unidade territorial urbana possua gestão plena, nos termos do inciso III do *caput* do art. 2º desta Lei. §1º Além do disposto no *caput* deste artigo, o apoio da União à governança interfederativa em região metropolitana impõe a observância do inciso VII do *caput* do art. 2º desta Lei. §2º Admite-se o apoio da União para a elaboração e a revisão do plano de desenvolvimento urbano integrado de que tratam os arts. 10, 11 e 12 desta Lei, dispensado, na primeira hipótese, o cumprimento da exigência constante da alínea c do inciso III do art. 2º desta Lei. §3º Serão estabelecidos em regulamento requisitos adicionais para o apoio da União à governança interfederativa, bem como para as microrregiões e cidades referidas no §1º do art. 1º desta Lei e para os consórcios públicos constituídos para atuação em funções públicas de interesse comum no campo do desenvolvimento urbano".

[292] "Art. 21. Incorre em improbidade administrativa, nos termos da Lei nº 8.429, de 2 de junho de 1992: I – o governador ou agente público que atue na estrutura de governança interfederativa que deixar de tomar as providências necessárias para: a) garantir o cumprimento do disposto no *caput* do art. 10 desta Lei, no prazo de 3 (três) anos da instituição da região metropolitana ou da aglomeração urbana mediante lei complementar estadual; b) elaborar e aprovar, no prazo de 3 (três) anos, o plano de desenvolvimento urbano integrado das regiões metropolitanas ou das aglomerações urbanas instituídas até a data de entrada em vigor desta Lei mediante lei complementar estadual; II – o prefeito que deixar de tomar as providências necessárias para garantir o cumprimento do disposto no §3º do art. 10 desta Lei, no prazo de 3 (três) anos da aprovação do plano de desenvolvimento integrado mediante lei estadual".

infração da omissão na elaboração do Plano de Desenvolvimento Urbano Integrado sem qualificação específica como improbidade administrativa, diversamente do que ocorreu com os prefeitos na omissão em elaborar os planos diretores municipais, conforme previsão no Estatuto das Cidades.

Na realidade, o que se tem com o regime de gestão plena é a criação de um regime de transição porque o Estatuto das Metrópoles "recepciona" as Regiões Metropolitanas e Aglomerações Urbanas até então criadas por leis complementares estaduais.[293] Todavia, são enquadradas pela União, como Aglomerações Urbanas, essas Regiões Metropolitanas que não atendem aos requisitos da gestão plena, independentemente de as ações e políticas públicas envolverem ou não a transferência de recursos financeiros.[294]

Assim, é mais adequado tratar o regime jurídico de gestão plena como norma cogente, não havendo inconstitucionalidade por ofensa ao pacto federativo. Logo, resta esvaziada de sentido a noção de regime jurídico de gestão plena no Estatuto das Metrópoles. O que foi assegurado é um regime jurídico de transição até que todas as Regiões Metropolitanas migrem para o regime de gestão plena ao preencherem os requisitos previstos pelo Estatuto das Metrópoles. Trata-se de norma, cuja implementação é complexa, pois dependente de atuação de agentes políticos. O caminho mais adequado é o da sanção premial mediante incentivos financeiros às Regiões Metropolitanas e Aglomerações Urbanas que migrarem para o regime de gestão plena.

Nesse contexto, pode-se asseverar que o Estatuto das Metrópoles foi elaborado com a destinação de incentivar e viabilizar a governança metropolitana. Estrutura-se em seis capítulos. O primeiro capítulo contém as disposições preliminares, em que são definidos os conceitos que são aplicados na lei, tais como Aglomeração Urbana, função pública de interesse comum e outros. O capítulo II versa sobre

---

[293] "Art. 5º As leis complementares estaduais referidas nos arts. 3º e 4º desta Lei definirão, no mínimo: (…) §2º Respeitadas as unidades territoriais urbanas criadas mediante lei complementar estadual até a data de entrada em vigor desta Lei, a instituição de região metropolitana impõe a observância do conceito estabelecido no inciso VII do caput do art. 2º".

[294] "Art. 15. A região metropolitana instituída mediante lei complementar estadual que não atenda o disposto no inciso VII do *caput* do art. 2º desta Lei será enquadrada como aglomeração urbana para efeito das políticas públicas a cargo do Governo Federal, independentemente de as ações nesse sentido envolverem ou não transferência de recursos financeiros".

o modo de instituição de Regiões Metropolitanas e de Aglomerações Urbanas. Por sua vez, o capítulo III tem como tema a governança interfederativa de Regiões Metropolitanas e Aglomerações Urbanas. O quarto capítulo tem como objeto os instrumentos de desenvolvimento urbano integrado. A atuação da União é disciplinada no capítulo V, sendo que o principal tema foi objeto de veto presidencial – o Fundo Nacional de Desenvolvimento Urbano Integrado. O último capítulo traz as disposições finais, cujo destaque era para a previsão de improbidade administrativa para os agentes políticos e agentes públicos que se omitirem na elaboração e aprovação do Plano de Desenvolvimento Urbano Integrado.

Assim, no âmbito da governança metropolitana, o primeiro aspecto a ser considerado e examinado é o modo pelo qual se dá a instituição de uma Região Metropolitana ou Aglomeração Urbana.

3.2 Instituição de Regiões Metropolitanas

3.2.1 A regra geral

A instituição das Regiões Metropolitanas e Aglomerações Urbanas está prevista nos arts. 3º ao 5º do Estatuto das Metrópoles. De acordo com a diretriz constitucional, a Região Metropolitana ou Aglomeração Urbana é instituída mediante lei complementar estadual. Além disso, o Estatuto das Metrópoles estabelece que, para os casos em que uma Região Metropolitana ou Aglomeração Urbana abranja Municípios de mais de um Estado, é necessária a aprovação de leis complementares em cada um dos Estados (art.4º).

O Estatuto das Metrópoles fixou um conteúdo mínimo para a lei complementar estadual ter validade (art. 5º):

I – os Municípios que integram a unidade territorial urbana;

II – os campos funcionais ou funções públicas de interesse comum que justificam a instituição da unidade territorial urbana;

III – a conformação da estrutura de governança interfederativa, incluindo a organização administrativa e o sistema integrado de alocação de recursos e de prestação de contas; e

IV – os meios de controle social da organização, do planejamento e da execução de funções públicas de interesse comum.

Sobre o conteúdo mínimo da lei complementar, o item I é extremamente relevante para a governança metropolitana e será abordado neste momento. O item III será analisado em seguida. Quanto aos itens II e IV, ao se tematizar, no Capítulo 4, os institutos dos consórcios públicos de saúde e o Plano de Desenvolvimento Urbano Integrado, será investigado o conceito de funções públicas de interesse comum.

Portanto, o primeiro aspecto está relacionado à definição dos limites territoriais de uma Região Metropolitana ou Aglomeração Urbana. Conforme já foi analisado, o traçado de um território, mesmo de uma Região Metropolitana ou Aglomeração Urbana, é um ato político que está longe de ser neutro.

Até a entrada em vigor do Estatuto das Metrópoles, o conceito de Região Metropolitana apresentava uma complexidade em razão do divórcio entre os conceitos legais fixados por leis complementares estaduais, os oficiais empregados pelo IBGE e o que a realidade empírica evidenciava. Firkowski explica esse divórcio conceitual do seguinte modo:

A questão, portanto, é complexa no Brasil. Há três vetores que norteiam as discussões sobre a temática metropolitana e as forças de cada um – por vezes, antagônicas, direcionando a discussão para lados opostos e inconciliáveis. Os três vetores são: i) a compreensão teórico-conceitual de metrópole como uma grande cidade, que possui funções superiores de comando e gestão articulada à economia global, atuando como porta de entrada dos fluxos globais no território nacional e na qual se ancoram interesses internacionais, ao mesmo tempo que emite, para o território nacional, vetores de modernidade e complexidade; ii) a compreensão institucional de região metropolitana, definida por força de leis estaduais, relacionadas aos interesses políticos, por vezes, motivadas pela necessidade de ordenamento do território na escala regional e cuja cidade-polo não é necessariamente uma metrópole; e iii) a compreensão oficial de metrópole, dada pelos estudos do IBGE, que analisa a realidade brasileira à luz da visão conceitual, também utilizando metodologia própria e particularizando a classificação para a escala nacional.[295]

---

[295] FIRKOWSKI, Olga L. C. Metrópoles e Regiões Metropolitanas no Brasil: conciliação ou divórcio. In: FURTADO, Bernardo Alves; KRAUSE, Cleandro; FRANÇA, Karla Christina Batista (Ed.). *Território metropolitano, políticas municipais*: por soluções conjuntas de problemas urbanos no âmbito metropolitano. Brasília: IPEA, 2013. p. 38.

Nesse contexto, a criação de Regiões Metropolitanas mediante leis estaduais tem servido a outras finalidades, dentre as quais a de um planejamento regional, o que demonstra, uma vez mais, a carência de instrumentos para o ordenamento territorial em outra escala, além da urbana e metropolitana.[296] Desse modo, a inclusão de municípios em determinada Região Metropolitana é motivada por fatores políticos-eleitorais, como é o caso da RMBH que passou por uma excessiva inclusão de municípios que não guardam conexão com a realidade da metrópole Belo Horizonte.[297]

Tem ocorrido de Municípios serem incluídos em Regiões Metropolitanas por atos de iniciativa de parlamentares, o que foi reputado como constitucional pelo Supremo Tribunal Federal em duas oportunidades (ADIN nº 2809-0, julgado em 25/09/2003, Relator Ministro Maurício Côrrea e ADIN nº 2803, julgado em 06/11/2014, Relator Ministro Dias Toffoli), todas relativas à Região Metropolitana de Porto Alegre.

A ADIN nº 2803 é particularmente interessante, pois admitiu o exame da constitucionalidade sobre o pertencimento do Município de Santo Antônio de Patrulha à Região Metropolitana, isto é, se se trata de município limítrofe à Metrópole de Porto Alegre e se está inserido em seu raio de influência metropolitana. Entretanto, a investigação da dimensão empírica da eventual caracterização do Município de Santo Antônio da Patrulha como pertencente, de fato, à Região Metropolitana de Porto Alegre, limitou-se à análise da justificativa do projeto de lei complementar estadual, o que se revela extremamente pobre e problemático, porquanto demonstra a potencialidade de distorção do instituto da Região Metropolitana, prejudicando-se a governança metropolitana. Confira-se a ementa do acórdão:

> Ação direta de inconstitucionalidade. Lei Complementar nº 11.530, de 21 de setembro de 2000, do Estado do Rio Grande do Sul. Inclusão do

---

[296] *Ibid.*, p. 35, 39.

[297] MACHADO, Gustavo Gomes. *O ente metropolitano*: custos de transação na gestão da Região Metropolitana de Belo Horizonte e no Consórcio do Grande ABC – os modelos compulsório e voluntário comparados. 2007. 167 f. Dissertação (Mestrado em Ciências Sociais) –Programa de Pós-Graduação em Ciências Sociais, Pontifícia Universidade Católica de Minas Gerais, Belo Horizonte, 2007. p. 66-67.

Município de Santo Antônio da Patrulha na Região Metropolitana de Porto Alegre. Vício de iniciativa. Inexistência. Improcedência do pedido. 1. Não incide em violação da reserva de iniciativa legislativa do chefe do Poder Executivo (art. 61, §1º, II, e, CF) lei complementar estadual que inclui novo município em região metropolitana. A simples inclusão de município em região metropolitana não implica, per se, a alteração da estrutura da máquina administrativa do Estado. Precedente: ADI nº 2.809/RS, Relator o Ministro Maurício Corrêa, DJ de 30/4/04. 2. O impedimento constitucional à atividade parlamentar que resulte em aumento de despesa (art. 63, I, CF/88) só se aplica aos casos de iniciativa legislativa reservada. Ademais, conforme esclarece a Assembleia Legislativa, a inclusão de município na região metropolitana não gera aumento de despesa para o Estado, uma vez que "a dotação orçamentária está vinculada à própria região metropolitana, independentemente do número de municípios que a integrem, sendo irrelevante, portanto, a inclusão posterior de Município da região em comento". 3. A legislação impugnada observa formal e materialmente o disposto no art. 25, §3º, da Constituição Federal. O instrumento normativo utilizado é idôneo, uma vez que se trata de lei complementar estadual, e o requisito territorial insculpido na expressão "municípios limítrofes" foi atendido. Na justificativa do projeto de lei, está demonstrada a proximidade física e a interdependência urbana, social e histórica entre o Município de Santo Antônio da Patrulha e os demais componentes da Região Metropolitana de Porto Alegre. 4. Ação direta de inconstitucionalidade julgada improcedente.

Considerando essa realidade, o Estatuto das Metrópoles almejou conferir uma certa racionalidade ao processo de delimitação territorial da Região Metropolitana. O Estatuto das Metrópoles conceitua metrópole como o "espaço urbano com continuidade territorial que, em razão de sua população e relevância política e socioeconômica, *tem influência nacional ou sobre uma região que configure, no mínimo, a área de influência de uma capital regional, conforme os critérios adotados pela Fundação Instituto Brasileiro de Geografia e Estatística*" (art. 2º, inciso V, grifo nosso).

O conceito de metrópole apresenta relativa incompatibilidade com o novo conceito de Região Metropolitana introduzido no Estatuto das Metrópoles pela Lei nº 13.683/2018, que se limita a reproduzir o conceito constitucional de Região Metropolitana (inciso VII do art. 2º do Estatuto das Metrópoles), nada acrescentando. Parece que o legislador se insurgiu contra a definição original no Estatuto das Metrópoles de Região Metropolitana de aglomeração urbana que configure uma metrópole. Afirma-se relativa incompatibilidade, pois o conceito de metrópole deve ser considerado na interpretação do Estatuto das Metrópoles, porquanto, na lei, não existem palavras inúteis. Desse modo, o conceito de metrópole deve ser considerado no momento da criação de uma Região Metropolitana, até porque deve ser precedida de estudos técnicos.

Modesto argumenta que esse conceito de Região Metropolitana do Estatuto das Metrópoles seria inconstitucional, pois seria mais restritivo que o §3º do art. 25 da Constituição Federal.[298] Entretanto, diverge-se desse entendimento, na medida em que a dicção "municípios limítrofes" é elemento comum às Regiões Metropolitanas e Aglomerações Urbanas. Por esse motivo, o Estatuto das Metrópoles apenas regulamentou o texto constitucional, definindo que apenas é metrópole o espaço urbano de influência nacional ou a área de influência de uma capital regional definida pelo IBGE, o que se tem reputado como adequado em face da grande diversidade urbana do Brasil.[299] Essa é a primeira nota de uma racionalidade técnica do Estatuto das Metrópoles mediante a imposição de limites à atividade legiferante dos Estados.

Trata-se uma escolha legislativa que limita a atividade de *interpositio legislatoris* pelos Estados que se encontra necessariamente vinculada a uma atividade administrativa que se situa no âmbito da discricionariedade técnica, o que não torna imune ao controle judicial a definição pelo IBGE do que seja esse espaço urbano de influência nacional ou regional.[300] O exercício do controle da discricionariedade técnica do IBGE dependerá necessariamente da explicitação de suas justificativas para a definição do espaço urbano de influência nacional ou regional.

---

[298] MODESTO, Paulo. Região Metropolitana, Estado e autonomia municipal: a governança interfederativa em questão. *R. Bras. de Dir. Público – RBDP*, Belo Horizonte, v. 14, n. 53, p. 132, abr./jun. 2016.

[299] DELCOL, Rafaela Fabiana Ribeiro. Estatuto da Metrópole: contribuições ao debate. ENCONTRO NACIONAL DA ANPEGE, 11., 2015, Presidente Prudente. *Anais...* Presidente Prudente: Associação Nacional de Pós-Graduação e Pesquisa em Geografia, 2015. p. 5900.

[300] DAROCA, Eva Desdentado. *Los problemas del control judicial de la discrecionalidad técnica*: un estudio crítico de la jurisprudencia. Madrid: Editora Civitas, 1997. p. 63-67. JORDÃO, Eduardo. *Controle judicial de uma administração pública complexa*: a experiência estrangeira na adaptação da intensidade do controle. São Paulo: Editora Malheiros: SBDP, 2016. p. 123-131.

Todavia, a definição do espaço urbano de influência nacional ou regional não é suficiente para a criação de uma Região Metropolitana, uma vez que é imprescindível a delimitação da região de influência da capital nacional – no sentido de influência nacional – e da capital regional, o que depende da adoção de critérios que, na redação original do Estatuto das Metrópoles, deveriam considerar "os bens e serviços fornecidos pela cidade à região, abrangendo produtos industriais, educação, saúde, serviços bancários, comércio, empregos e outros itens pertinentes, e serão disponibilizados pelo IBGE na rede mundial de computadores" (Parágrafo único do art. 2º do Estatuto das Metrópoles). Entretanto, essa previsão restou revogada pela Lei nº 13.683/2018, porém entende-se que esses critérios ainda podem ser aplicados na realização dos estudos técnicos para a criação de uma Região Metropolitana, na medida em que o conceito de metrópole remete aos critérios adotados pelo IBGE.

Esses dados ajudam na construção de critérios técnicos, os quais devem ser explicitados no processo de elaboração da lei complementar estadual que institui a Região Metropolitana, ao se definir quais os Municípios integram a unidade territorial urbana (art. 5º, inciso I e §1º do Estatuto das Metrópoles).

Aliás, a previsão de critérios em lei complementar federal para criação de Regiões Metropolitanas a serem instituídas por meio de lei complementar estadual estava expressamente contemplada no anteprojeto da Constituinte de 1987-88. O Constituinte Aloysio Nunes, Relator da Subcomissão de Municípios e Regiões Metropolitanas que estava inserida na Comissão de Organização do Estado, refletiu sobre a temática da seguinte maneira:

> Sr. Presidente, ilustres membros da Subcomissão, entende que os critérios gerais para a criação de área metropolitana devem ficar à conta de lei complementar federal e a decisão da criação, no âmbito da competência estadual. Há um interesse também nacional, que envolve a criação, a administração, a transferência de recursos para essas áreas metropolitanas até a presente data, em número de nove. Na realidade, há mais de trinta áreas metropolitanas neste País, caracterizadas, sobretudo, pelas grandes metrópoles, pelas grandes capitais ou pelas cidades de população bem considerável. Os recursos federais são normalmente solicitados, envolvidos nesse planejamento e no custeio de todos os projetos, ou de grande parte dos projetos nessas áreas metropolitanas.

De sorte que os critérios gerais devem ser também de competência da União. São fixados pelo Congresso Nacional – Câmara dos Deputados e Senado Federal – ficando a criação a cargo do Estado. Esta é a opinião do Relator. Está colocada no Anteprojeto.[301]

Por alguma razão, na Comissão de Sistematização, a exigência de critérios para a criação de Regiões Metropolitanas em lei complementar federal se perdeu, o que não significa que a atual previsão do Estatuto das Metrópoles esteja em desacordo com a Constituição Federal. Antes, pelo contrário, compatibiliza-se com o que foi discutido e deliberado na subcomissão especial da matéria.

O Estatuto das Metrópoles adotou solução interessante para a questão da delimitação dos Municípios que integram a Região Metropolitana. A utilização pura e simples dos critérios do IBGE, além de antidemocrática e inconstitucional, uma vez que suprimiria a competência dos Estados para definirem as Regiões Metropolitanas, seria de difícil implementação porque sempre existem fatores de outra ordem que interferem no processo de delimitação, não existindo necessariamente coincidência entre o que define uma agência governamental de estatística e a sociedade por deliberação política. O caso de Montreal no Canadá ilustra essa realidade, pois a definição da Região Metropolitana pela Agência Federal de Estatística não coincidiu ao longo do tempo com os limites definidos pela província de Québec para delimitar a área metropolitana de Montreal.[302]

Nesse contexto, compreende-se a introdução do conceito de área metropolitana pela Lei nº 13.683/2018 (art. 2º, inciso VIII), que consiste na "representação da expansão contínua da malha urbana da metrópole, conurbada pela integração dos sistemas viários, abrangendo, especialmente, áreas habitacionais, de serviço e industriais com a presença de deslocamentos pendulares no território".

---

[301] BRASIL. Assembleia Nacional Constituinte, Comissão de Organização do Estado, Subcomissão dos Municípios e Regiões. *Diário da Assembleia Nacional Constituinte*. Brasília: Poder Legislativo, 1987. (Suplemento). p. 182.

[302] SANCTON, Andrew. *The Limits of Boundaries*: Why City-Regions Cannot Be Self-Governing. Montreal & Kingston; London; Ithaca: McGill-Queen's University Press: 2008. E-book.

Daí que a delimitação do território de uma Região Metropolitana é um ato político que não tem neutralidade ou, simplesmente, não se pode invocar a existência de uma racionalidade técnica, a qual tem seus limites, conforme a crítica à modernidade e da razão prática.[303] Por esse motivo, a dimensão democrática é um aspecto que deve ser resgatado, apesar da omissão nesse ponto na redação original do Estatuto das Metrópoles.

Como o STF não admite a realização de referendo para ratificação de lei complementar estadual, entende-se extremamente importante que sejam realizadas audiências públicas no curso do processo de elaboração da lei complementar estadual, quando o projeto ainda estiver no âmbito do Poder Executivo, tal qual ocorre com o Plano Diretor Urbano, conforme estipulado no art. 40 do Estatuto das Cidades, e com o Plano de Desenvolvimento Urbano Integrado, de acordo com o instituído no art. 12 do Estatuto das Metrópoles, o que restou acolhido no Estatuto das Metrópoles mediante a inclusão do §2º do art. 3º pela Lei nº 13.683/2018.[304]

Nesse cenário, faça-se um exercício de imaginação em que se tem a criação da Região Metropolitana X, instituída sem a observância dos critérios do Estatuto das Metrópoles e que, anos mais tarde, por meio de um projeto de lei de iniciativa de parlamentar sem estudos técnicos, seja incluído também o Município Y nessa Região Metropolitana. É possível o ajuizamento de Ação Direta de Inconstitucionalidade – ADIN em face da primeira lei, impugnando-se a não observância dos critérios do IBGE na delimitação? E em relação à segunda lei, admite-se a alegação de inconstitucionalidade por vício de iniciativa?

---

[303] HABERMAS, Jürgen. *Direito e democracia*: entre facticidade e validade. Rio de Janeiro: Tempo Brasileiro, 1997. v. 1, p. 19.

[304] "Art. 3º Os Estados, mediante lei complementar, poderão instituir regiões metropolitanas e aglomerações urbanas, constituídas por agrupamento de Municípios limítrofes, para integrar a organização, o planejamento e a execução de funções públicas de interesse comum. §1º O Estado e os Municípios inclusos em região metropolitana ou em aglomeração urbana formalizada e delimitada na forma do *caput* deste artigo deverão promover a governança interfederativa, sem prejuízo de outras determinações desta Lei. (Redação dada pela Lei nº 13.683, de 2018) §2º A criação de uma região metropolitana, de aglomeração urbana ou de microrregião deve ser precedida de estudos técnicos e audiências públicas que envolvam todos os Municípios pertencentes à unidade territorial. (Incluído pela Lei nº 13.683, de 2018)".

CAPÍTULO 3
GOVERNANÇA METROPOLITANA | 113

Sobre a primeira questão, a admissibilidade de eventual ADIN é tema problemático, uma vez que o Estatuto das Metrópoles – Lei nº 13.089/2015 adicionou o potencial conflito entre lei federal e lei estadual, o que constitui uma complexidade a mais, pois a distinção entre juízo de constitucionalidade e juízo de legalidade nesses casos nem sempre é fácil, conforme reconhece Barroso:

> E é bom que seja assim, até porque o deslinde desse tipo de controvérsia dependerá sempre de um juízo sobre a divisão constitucional de competências. Afinal, se a lei federal tiver ultrapassado o terreno das normas gerais, haverá inconstitucionalidade e não simples incompatibilidade entre os regramentos geral e especial. Ou seja, mesmo que a decisão acabe afirmando a existência de um conflito no plano da legalidade, o itinerário lógico dos julgadores terá envolvido uma análise eminentemente constitucional.[305]

Quanto à segunda indagação, pensa-se que a solução adotada pelo STF não é a melhor, uma vez que a lei complementar estadual que institui uma Região Metropolitana implica uma alteração na organização administrativa, o que constitui matéria privativa do Chefe do Poder Executivo (art. 61, §1º, inciso II, letra "e" da Constituição Federal).[306] A Região Metropolitana é integrante da organização administrativa, uma vez que está inserida na Constituição Federal no título da "Organização do Estado", e não é ente político.[307]

É importante observar que, em relação às duas hipotéticas ADINs, seria imprescindível instrução probatória, o que, embora já admitido pela doutrina com mais naturalidade,[308] pode não ser o mais adequado ante as limitações operacionais e técnicas do Poder Judiciário, assim como em virtude da delimitação da Região

---

[305] BARROSO, Luís Roberto. *O controle de constitucionalidade no direito brasileiro*: exposição sistemática da doutrina e análise crítica da jurisprudência. 7. ed. rev. e atual. São Paulo: Saraiva, 2016. E-book.

[306] DOMINGUES, Rafael Augusto Silva. *A competência dos Estados-membros no direito urbanístico*: limites da autonomia municipal. Belo Horizonte: Editora Fórum, 2010. p. 159.

[307] ALVES, Alaôr Caffé. Regiões metropolitanas, aglomerações urbanas e microrregiões: novas dimensões constitucionais da organização do Estado brasileiro. *Direito Ambiental: Meio Ambiente Urbano*, v. 3, 2011.

[308] SARLET, Ingo Wolfgang; MARINONI, Luiz Guilherme; MITIDIERO, Daniel. *Curso de Direito Constitucional*. São Paulo: Editora Revista dos Tribunais, 2012. p. 954-955.

Metropolitana ter um componente político, cuja deliberação é do Poder Executivo Estadual e Poder Legislativo Estadual.

Suspeita-se, entretanto, que o Judiciário será chamado a atuar como árbitro em questões jurídicas envolvendo Regiões Metropolitanas e Aglomerações Urbanas, em razão da disputa entre todos os agentes e atores envolvidos no processo de gestão metropolitana. A atuação do Judiciário ocorrerá não apenas em juízo de constitucionalidade, mas sobretudo em juízo de legalidade. Primeiro, porque será difícil distinguir os dois juízos em face da existência do Estatuto das Metrópoles. Segundo, porquanto a eventual necessidade de ampla instrução probatória induzirá os atores a se valerem das vias ordinárias. A fim de minimizar a intervenção judicial, é imprescindível o investimento na estrutura de governança interfederativa, cuja capacidade de resolução de conflitos é mecanismo amortecedor dos embates políticos que, muitas vezes, são as molas propulsoras da provocação do Poder Judiciário que não age de ofício.

3.2.2 O caso do Distrito Federal

O caso do Distrito Federal e de sua área metropolitana apresenta especificidades dada a sua condição de ente político *sui generis* que desfruta das competências de Estado-membro e Município, assim como a proibição constitucional de divisão em Municípios (art. 32 da CF). Na redação aprovada do Estatuto das Metrópoles pelo Congresso Nacional existia disciplina própria para o Distrito Federal, prevista no art. 19, com a seguinte redação:

> Art. 19. Respeitada a vedação de divisão em Municípios estabelecida no *caput* do art. 32 da Constituição Federal, o Distrito Federal poderá integrar região metropolitana ou aglomeração urbana, aplicando-se a ele o disposto no art. 4º e nas demais disposições desta Lei.

Entretanto, esse artigo foi objeto de veto, cujas razões valem a pena serem transcritas:

> Ao tratar de regiões metropolitanas, aglomerações urbanas e microrregiões, a Constituição faz referência, em seu art. 25, §3º, a agrupamento

de Municípios. Neste sentido, as inclusões no escopo do Estatuto da Metrópole de território de um único Município isolado e do Distrito Federal não encontrariam amparo constitucional. Em relação ao Distrito Federal, o instrumento de cooperação federativa adequado é a Região Integrada de Desenvolvimento Econômico – RIDE, prevista no art. 43 da Constituição. Está já foi, inclusive, criada pelo Decreto nº 2.710, de 4 de agosto de 1998 – substituído pelo Decreto nº 7.469, de 4 de maio de 2011 – que regulamenta a Lei Complementar nº 94, de 19 de fevereiro de 1998.

Embora haja a Região Integrada de Desenvolvimento Econômico do Distrito Federal e Entorno – RIDE, a Área Metropolitana de Brasília – AMB é um território menor que se encontra inserido na RIDE,[309] e sem marco legal institucional. É importante assinalar que mesmo a definição sobre qual é o território metropolitano de Brasília é alvo de disputas entre o IBGE e a Companhia de Planejamento do Distrito Federal – CODEPLAN, conforme se verifica pela divergência relativa aos municípios que integrariam o território metropolitano de Brasília:[310]

O *Arranjo Populacional de Brasília* foi definido pelo IBGE como a aglomeração urbana formada pelo Distrito Federal e 10 municípios goianos: Águas Lindas, Cidade Ocidental, Cocalzinho, Luziânia, Mimoso de Goiás, Novo Gama, Padre Bernardo, Planaltina de Goiás, Santo Antônio do Descoberto e Valparaíso (Figura 1). Essa delimitação coincide em parte com a assim denominada *Área Metropolitana de Brasília (AMB)*, definida pela Nota Técnica no 1/2014 da Codeplan e constituída pelo Distrito Federal e 12 municípios goianos (Figura 2). Contudo, não consta na AMB o município de Mimoso de Goiás, incluído pelo IBGE no Arranjo Populacional de Brasília, mas são considerados na AMB os municípios de Formosa, Alexânia e Cristalina, não incluídos pelo IBGE (...)".

Essa divergência entre agências oficiais expõe a complexidade da definição da área metropolitana de uma Região Metropolitana ao evidenciar que mesmo delimitações de ordem técnica estão sujeitas à discussão e à fragilidade. De qualquer sorte, a evidência empírica

---

[309] LARA, Henrique. *Brasília, uma cidade centenária*. Brasília: Companhia de Planejamento do Distrito Federal, 2016. (TD, 13). p. 28.

[310] COMPANHIA DE PLANEJAMENTO DO DISTRITO FEDERAL – CODEPLAN. *O aglomerado metropolitano de Brasília nos indicadores do IBGE*. Nota técnica. Brasília: jul. 2018. p. 7.

contrasta com os argumentos do veto ao art. 19 do Estatuto das Metrópoles, na medida em que a RIDE se presta a um ordenamento territorial e não metropolitano. Em outras palavras, a RIDE opera em outra escala de ordenamento territorial que, dada a sua abrangência, não é a metropolitana.

O art. 19, vetado, interpretado em conjunto com o art. 22 do Estatuto das Metrópoles, implica que, para fins de gestão metropolitana, a RIDE é um conceito a ser superado pelo de Região Metropolitana, uma vez que se aplica o Estatuto das Metrópoles, no que couber, às Regiões Integradas de Desenvolvimento com características de Região Metropolitana ou aglomeração, devendo-se proceder à criação de novas unidades territoriais que envolvam Municípios pertencentes a mais de um Estado, nos termos do art. 4º do Estatuto das Metrópoles. Em síntese, a instituição de Regiões Metropolitanas ou Aglomerações Urbanas inseridas em Regiões Integradas de Desenvolvimento segue o procedimento estabelecido pelo art. 4º do Estatuto das Metrópoles.

A inadequação da RIDE para o planejamento e a gestão da área metropolitana de Brasília está demonstrada pela redação dos art. 3º e 4º do Estatuto das Metrópoles, conferida pela Medida Provisória nº 862/2018,[311] que, de certa maneira, restaurou a sistemática prevista no art. 19 que restou vetado.

---

[311] "Art. 3º Os Estados, mediante lei complementar, poderão instituir regiões metropolitanas e aglomerações urbanas, constituídas por agrupamento de Municípios limítrofes, para integrar a organização, o planejamento e a execução de funções públicas de interesse comum. §1º O Estado e os Municípios inclusos em região metropolitana ou em aglomeração urbana formalizada e delimitada na forma do *caput* deste artigo deverão promover a governança interfederativa, sem prejuízo de outras determinações desta Lei. §2º A criação de uma região metropolitana, de aglomeração urbana ou de microrregião deve ser precedida de estudos técnicos e audiências públicas que envolvam todos os Municípios pertencentes à unidade territorial. §3º O Distrito Federal poderá integrar região metropolitana com Municípios limítrofes ao seu território, observadas as regras estabelecidas neste Capítulo para a sua instituição. Art. 4º A instituição de região metropolitana ou de aglomeração urbana que envolva Municípios pertencentes a mais de um Estado será formalizada mediante a aprovação de leis complementares pelas assembleias legislativas de cada um dos Estados envolvidos. §1º Até a aprovação das leis complementares previstas no *caput* por todos os Estados envolvidos, a região metropolitana ou a aglomeração urbana terá validade apenas para os Municípios dos Estados que já houverem aprovado a respectiva lei. §2º A instituição de região metropolitana ou de aglomeração urbana que envolva municípios limítrofes ao Distrito Federal será formalizada por meio da aprovação de lei complementar pela assembleia legislativa do Estado envolvido e pela Câmara Legislativa do Distrito Federal. §3º Poderão ser incluídos na região metropolitana ou na aglomeração urbana, criadas nos termos estabelecidos no *caput* do art. 3º, Municípios que sejam limítrofes a, no mínimo, um daqueles que já a integrem ou ao Distrito Federal, quando for o caso".

Poder-se-ia apresentar objeções de ordem constitucional a essa sistemática legal. A primeira objeção seria a vedação constitucional de o Distrito Federal ser dividido em Municípios. Veja-se que a previsão legal é para o Distrito Federal integrar uma Região Metropolitana criada por outro ente federativo mediante lei complementar distrital aprovada pela Câmara Legislativa do Distrito Federal. O Distrito Federal mantém a sua autonomia e não se divide em municípios, mas passa a integrar uma Região Metropolitana que não é ente político.

Outra objeção constitucional seria a da necessidade de um instrumento federal para a instituição da Região Metropolitana, o que poderia encontrar razão de ser no fato de a Região Metropolitana ser uma associação compulsória, segundo jurisprudência do STF. Entretanto, não poderia a lei estadual, sob pena de ofensa à autonomia política do Distrito Federal, associá-lo compulsoriamente, o que seria inconstitucional. A lógica do Estatuto das Metrópoles é a da adesão voluntária do Distrito Federal à Região Metropolitana criada por outro ente federativo. A exigência de um instrumento federal contraria o propósito constitucional de atribuir aos Estados e Municípios a gestão e planejamento da Região Metropolitana. Ademais, o enfoque deve ser deslocado do caráter compulsório para a criação de estímulos e incentivos a participação e colaboração de todos os atores envolvidos na governança interfederativa das Regiões Metropolitanas. Todavia, a Medida Provisória nº 862/2018 perdeu a sua eficácia, uma vez que não foi convertida em lei.

3.3 Governança interfederativa

3.3.1 Princípios

O Estatuto das Metrópoles introduz o conceito de governança interfederativa para viabilizar o planejamento e a gestão democrática das Regiões Metropolitanas a fim de se superar os problemas de coordenação administrativa e política entre Estado, Municípios e sociedade. De acordo com o que já foi assinalado, o adjetivo "interfederativo" é redundante, uma vez que "federativo" já contém a ideia de relação, aliança, parceria e pacto. Por esse motivo, bastaria se denominar governança federativa, o que indica a natureza dessa estrutura de governança.

Elazar esclarece esse aspecto ao distinguir a parceria federal de uma parceria criada no âmbito do direito privado, na medida em que a "parceria federal não é como a criada no direito privado em que os parceiros têm obrigações muito delimitadas um com o outro, mas é uma parceria de direito público que cria uma comunidade e, portanto, abrange um conjunto de obrigações mútuas mais extenso".[312]

Assim, a governança interfederativa é o *locus* em que a comunidade metropolitana se reconhece e se encontra para deliberar sobre os assuntos e questões relativas a essa comunidade. É uma parceria de direito público, pois o conjunto de obrigações é mais amplo, uma vez que as obrigações são perante a comunidade. Os princípios[313] e diretrizes específicas para a governança interfederativa[314] devem ser compreendidos no âmbito desse contexto de parceria, pacto federativo.

---

[312] Tradução livre nossa do inglês: "(…) Hence federal partnership is not like that created in private law in which the partners have very limited obligations to one another but is a public law partnership that creates community and thereby involves a more extensive set of mutual obligations (…)". ELAZAR, Daniel J. *Exploring Federalism*. Tuscaloosa, Alabama: The University of Alabama Press, 1987. E-book.

[313] Para uma crítica atualizada sobre o conceito de princípio, conferir NEVES, Marcelo. *Entre Hidra e Hércules*: princípios e regras constitucionais como diferença paradoxal do sistema jurídico. São Paulo: Editora WMF Martins Fontes, 2013.

[314] "Art. 6º A governança interfederativa das regiões metropolitanas e das aglomerações urbanas respeitará os seguintes princípios: I – prevalência do interesse comum sobre o local; II – compartilhamento de responsabilidades e de gestão para a promoção do desenvolvimento urbano integrado; III – autonomia dos entes da Federação; IV – observância das peculiaridades regionais e locais; V – gestão democrática da cidade, consoante os arts. 43 a 45 da Lei nº 10.257, de 10 de julho de 2001; VI – efetividade no uso dos recursos públicos; VII – busca do desenvolvimento sustentável. Art. 7º Além das diretrizes gerais estabelecidas no art. 2º da Lei nº 10.257, de 10 de julho de 2001, a governança interfederativa das regiões metropolitanas e das aglomerações urbanas observará as seguintes diretrizes específicas: I – implantação de processo permanente e compartilhado de planejamento e de tomada de decisão quanto ao desenvolvimento urbano e às políticas setoriais afetas às funções públicas de interesse comum; II – estabelecimento de meios compartilhados de organização administrativa das funções públicas de interesse comum; III – estabelecimento de sistema integrado de alocação de recursos e de prestação de contas; IV – execução compartilhada das funções públicas de interesse comum, mediante rateio de custos previamente pactuado no âmbito da estrutura de governança interfederativa; V – participação de representantes da sociedade civil nos processos de planejamento e de tomada de decisão; VI – compatibilização dos planos plurianuais, leis de diretrizes orçamentárias e orçamentos anuais dos entes envolvidos na governança interfederativa; VII – compensação por serviços ambientais ou outros serviços

Portanto, a governança interfederativa está longe de ser um mecanismo de divisão de poder a serviço de um paradigma de Democracia Liberal, pois o objetivo é a criação não de um ente político, mas de uma comunidade metropolitana. O paradigma de Democracia Republicana tampouco acomoda a governança interfederativa, na medida em que essa comunidade não é homogênea e tampouco constituída por seres humanos virtuosos. É uma comunidade composta pelos entes políticos (Estado e Municípios) que, muitas vezes, são movidos por suas próprias agendas institucionais, assim como pela sociedade altamente fragmentada, com atores mobilizados por seus interesses e aspirações. Daí o paradigma da Democracia Deliberativa, pois essa comunidade se reconhece como uma parceria de direito público, na qual o conjunto de obrigações mútuas é mais amplo porque existem questões e problemas comuns que afetam todos os interessados que se apresentam com seus interesses e aspirações. É sob essa luz que deve ser compreendido o princípio da gestão democrática da Regiões Metropolitanas.

O conceito de parceria federal ilumina também o princípio da prevalência do interesse comum sobre o local, uma vez que se trata da formação de uma comunidade e da constituição de um pacto de direito público gerador de um amplo leque de obrigações mútuas. O interesse comum é o interesse metropolitano, cujo conceito é esclarecido por Alaôr Caffé Alves do seguinte modo:

> O interesse metropolitano está, pois, compreendido na órbita de poder de todos os sujeitos político-administrativos que constituem nossa organização estatal. Eis aí porque esse interesse está também incluído no âmbito de competência local concorrente, não deixando de se caracterizar também, sob certo aspecto, como de peculiar interesse municipal e sobre cujo provimento o município tem uma autonomia relativa ou condicionada.[315]

---

prestados pelo Município à unidade territorial urbana, na forma da lei e dos acordos firmados no âmbito da estrutura de governança interfederativa. Parágrafo único. Na aplicação das diretrizes estabelecidas neste artigo, devem ser consideradas as especificidades dos Municípios integrantes da unidade territorial urbana quanto à população, à renda, ao território e às características ambientais".

[315] ALVES, Alaôr Caffé. *Planejamento metropolitano e autonomia municipal no direito brasileiro.* São Paulo: Bushatsky; Emplasa, 1981. p. 311.

O interesse metropolitano implica a superação do interesse local, restringindo, efetivamente, a autonomia local dos municípios, os quais, ressalte-se, também são cotitulares do interesse metropolitano. Entretanto, a titularidade do interesse metropolitano não está circunscrita aos entes políticos, uma vez que a sociedade que integra a comunidade metropolitana também é cotitular desse interesse metropolitano. Esse aspecto é comprovado pela necessidade de participação da sociedade civil na instância colegiada deliberativa, conforme estipulado pelo inciso II do art. 8º do Estatuto das Metrópoles.[316] Essa dimensão tem relevância porque a sociedade civil tem o potencial de inibir a atuação dos agentes políticos em conformidade com seus próprios interesses, ressalvando-se que a possibilidade de os representantes da sociedade civil serem cooptados pelo aparelho burocrático e pelo mercado é sempre real.

A existência do interesse metropolitano não elimina a autonomia dos entes da federação que integram a Região Metropolitana, que, por sua vez, restou positivada inclusive como princípio da governança interfederativa pelo Estatuto das Metrópoles. Entretanto, a autonomia dos entes federativos é reconfigurada com a instituição de uma Região Metropolitana, podendo-se até afirmar em uma autonomia compartilhada, na medida em que há um âmbito de comunicação de autonomias entre os entes da federação. A autonomia compartilhada é uma autonomia conflituosa. Assim, pode-se afirmar que o princípio da autonomia deve ser compreendido conjuntamente com o princípio da prevalência do interesse comum sobre o local. Alaôr Caffé Alves, ao tematizar o plano metropolitano, explica essas tensões entre as autonomias dos entes da federação da seguinte maneira:

> Neste caso, o Estado terá sua esfera de competência de certo modo aumentada e, ao mesmo tempo, restringida, visto que se antes não podia

---

[316] "Art. 8º A governança interfederativa das regiões metropolitanas e das aglomerações urbanas compreenderá em sua estrutura básica: I – instância executiva composta pelos representantes do Poder Executivo dos entes federativos integrantes das unidades territoriais urbanas; II – instância colegiada deliberativa com representação da sociedade civil; III – organização pública com funções técnico-consultivas; e IV – sistema integrado de alocação de recursos e de prestação de contas".

atuar em certos serviços tipicamente urbanos, como o controle do uso do solo metropolitano, agora pode fazê-lo, porém condicionado a suportar de alguma forma a cogestão municipal na prestação desses serviços. Se o município não ingressar na comunhão metropolitana, para efeito da orientação e cogestão aludidas, ficará assim mesmo sujeito às diretrizes metropolitanas e deverá obedecer a certas determinações de caráter metropolitano fixadas em lei estadual. Isto quer dizer que os municípios metropolitanos não têm liberdade para fugir daquelas determinações, mas ficam com a opção de poder influir ou não no processo de sua elaboração.[317]

O princípio da prevalência do interesse comum sobre local ainda se relaciona aos princípios da busca do desenvolvimento sustentável e da efetividade do uso dos recursos públicos. É pressuposto do conceito de desenvolvimento sustentável[318] a noção de que estamos todos conectados e vinculados a um mesmo destino neste planeta e, por essa razão, temos um compromisso com esta e as futuras gerações. Nesse contexto, o desenvolvimento sustentável é interesse comum que se sobrepõe ao local no âmbito das Regiões Metropolitanas e Aglomerações Urbanas.

O princípio da efetividade dos recursos públicos tem como pano de fundo justamente a problemática da dispersão de recursos públicos e da ausência de ganho de escala na prestação dos serviços públicos. Ao se privilegiar ações locais em detrimento de uma ação coordenada ancorada no interesse comum, gera-se a dispersão de recursos públicos com ineficiência na prestação de serviços públicos e, algumas vezes, com a inviabilização da própria prestação do serviço público, como é o caso do serviço de saneamento básico.

O Estatuto das Metrópoles introduz ainda dois princípios que devem ser lidos de maneira conjunta. São os princípios do compartilhamento de responsabilidades para promoção do desenvolvimento urbano integrado e o da observância das

---

[317] ALVES, Alaôr Caffé. *Planejamento metropolitano e autonomia municipal no direito brasileiro.* São Paulo: Bushatsky; Emplasa, 1981. p. 341.

[318] Conferir VARELLA, Marcelo Dias. O surgimento e a evolução do direito internacional do meio ambiente: da proteção da natureza ao desenvolvimento sustentável. In: VARELLA, Marcelo D.; BARROS-PLATIAU, Ana Flavia (Org.). *Proteção internacional do meio ambiente.* Brasília: Unitar; UniCEUB; UnB, 2009. p. 6-25.

peculiaridades regionais e locais. Quanto ao princípio do compartilhamento de responsabilidade para promoção do desenvolvimento urbano integrado, o Estatuto das Metrópoles previu, no art.7º, diretrizes que são desdobramentos desse princípio:

> Art. 7º Além das diretrizes gerais estabelecidas no art. 2º da Lei nº 10.257, de 10 de julho de 2001, a governança interfederativa das regiões metropolitanas e das aglomerações urbanas observará as seguintes diretrizes específicas:
> I – implantação de processo permanente e *compartilhado* de planejamento e de tomada de decisão quanto ao desenvolvimento urbano e às políticas setoriais afetas *às funções públicas de interesse comum*;
> II – estabelecimento de meios *compartilhados* de organização administrativa das *funções públicas de interesse comum*;
> III – estabelecimento de sistema *integrado* de alocação de recursos e de prestação de contas;
> IV – execução *compartilhada* das *funções públicas de interesse comum*, mediante *rateio* de custos previamente pactuado no âmbito da estrutura de governança interfederativa;
> V – participação de representantes da sociedade civil nos processos de planejamento e de tomada de decisão;
> VI – *compatibilização* dos planos plurianuais, leis de diretrizes orçamentárias e orçamentos anuais dos entes envolvidos na governança interfederativa;
> VII – *compensação* por serviços ambientais ou outros serviços prestados pelo Município à unidade territorial urbana, na forma da lei e dos acordos firmados no âmbito da estrutura de governança interfederativa.
> Parágrafo único. Na aplicação das diretrizes estabelecidas neste artigo, devem ser consideradas *as especificidades dos Municípios* integrantes da unidade territorial urbana quanto à população, à renda, ao território e às características ambientais. (Grifos nossos).

O princípio da observância das peculiaridades regionais e locais tem como uma de suas aplicações o parágrafo único do art. 7º do Estatuto das Metrópoles que preceitua que o planejamento e a execução das tarefas compartilhadas devem considerar as especificidades dos Municípios.

Lendo esses dois princípios conjuntamente, conclui-se que podem ser traduzidos pela fórmula do princípio da responsabilidade comum, porém diferenciada, consagrada no âmbito do Direito Internacional Ambiental, especialmente aplicável no Protocolo de Kyoto, em que se conferiu um tratamento diferenciado entre os países desenvolvidos e em desenvolvimento quanto às metas de redução de carbono, evoluindo-se, assim, da igualdade de tratamento para equidade de tratamento.[319]

No caso do Estatuto das Metrópoles, a lógica que orienta é a mesma, na medida em que existem disparidades econômicas e sociais entre o Estado e o Município-polo em relação aos demais Municípios-satélites, que têm responsabilidade também pelo planejamento, financiamento e execução dos serviços comuns, porém de maneira diferenciada, pois devem "ser consideradas as especificidades dos Municípios integrantes da unidade territorial urbana quanto à população, à renda, ao território e às características ambientais" (parágrafo único do art. 7º). A responsabilidade compartilhada, mas diferenciada, é negociada e pactuada no âmbito da governança interfederativa.

3.3.2 Estrutura

A Constituição de 1967 previu, pela primeira vez, o instituto das Regiões Metropolitanas, sem, entretanto, disciplinar a sua configuração institucional, o que somente ocorreu por meio da Lei Complementar nº 14/1973.

Dallari, antes mesmo dessa Lei Complementar, já sustentava a possibilidade de criação imediata de entidades metropolitanas por meio da atuação dos Estados e propunha uma modelagem institucional mediante a criação de uma autarquia de caráter *sui generis*, pois estaria vinculada diretamente ao Governador. Além disso, essa autarquia deveria contar com um conselho deliberativo composto por Secretários de Estado, representantes do Governo Federal e por representantes dos Municípios integrantes da Região Metropolitana. Previa também uma diretoria executiva e diversos conselhos consultivos.[320]

---

[319] YOSHIDA, Consuelo Yatsuda Moromizato. Mudanças Climáticas, Protocolo de Quioto e o princípio da responsabilidade comum, mas diferenciada. A posição estratégica singular do Brasil. Alternativas energéticas, avaliação de impactos, teses desenvolvimentistas e o papel do Judiciário. In: CONGRESSO INTERNACIONAL DE DIREITO AMBIENTAL, 12., 2008, São Paulo. *Conferências...* São Paulo: Imprensa Oficial do Estado de São Paulo, 2008. v. 1,º p. 101.

[320] DALLARI, Adilson. Subsídios para a criação imediata de entidades metropolitanas. *Revista de Direito Público*, v. 3, n. 12, p. 309-311, abr./jun. 1970.

A Lei Complementar nº 14/1973, sob o prisma institucional, constituiu dois órgãos de governança, os quais são o conselho deliberativo e o conselho consultivo.[321] O conselho deliberativo, com caráter decisório, estava sob a esfera de influência exclusiva do Governador. Aos Municípios, restava apresentar sugestões no conselho consultivo.

Alves, já em 1981, partindo do pressuposto de que os Municípios eram cotitulares também do interesse metropolitano, sugere um arranjo diferente, mediante a criação de uma "entidade de direito público, de caráter plurigovernamental, cuja possibilidade não viesse a se confundir com os entes estatais originários, e que fosse titular dos serviços metropolitanos a ela outorgados".[322]

Depois do julgamento da ADIN nº 1842 pelo STF, que se concluiu em 2013, no qual se definiu o regime jurídico das Regiões Metropolitanas, o Estado da Bahia promulgou a Lei Complementar nº 41/2014, em que se criou a Entidade Metropolitana da Região Metropolitana de Salvador, autarquia intergovernamental de regime especial com caráter deliberativo e normativo e personalidade jurídica de direito público.

---

[321] "Art. 2º – Haverá em cada Região Metropolitana um Conselho Deliberativo, presidido pelo Governador do Estado, e um Conselho Consultivo, criados por lei estadual. (Redação dada pela Lei Complementar nº 27, de 1973). §1º – O Conselho Deliberativo contará em sua composição, além do Presidente, com 5 (cinco) membros de reconhecida capacidade técnica ou administrativa, um dos quais será o Secretário-Geral do Conselho, todos nomeados pelo Governador do Estado, sendo um deles dentre os nomes que figurem em lista tríplice organizada pelo Prefeito da Capital e outro mediante indicação dos demais Municípios integrantes da Região Metropolitana. (Redação dada pela Lei Complementar nº 27, de 1973). §2º – O Conselho Consultivo compor-se-á de um representante de cada Município integrante da região metropolitana sob a direção do Presidente do Conselho Deliberativo. §3º – Incumbe ao Estado prover, a expensas próprias, as despesas de manutenção do Conselho Deliberativo e do Conselho Consultivo. Art. 3º – compete ao Conselho Deliberativo: I – promover a elaboração do Plano de Desenvolvimento integrado da região metropolitana e a programação dos serviços comuns; II – coordenar a execução de programas e projetos de interesse da região metropolitana, objetivando-lhes, sempre que possível, a unificação quanto aos serviços comuns; Parágrafo único – A unificação da execução dos serviços comuns efetuar-se-á quer pela concessão do serviço a entidade estadual, que pela constituição de empresa de âmbito metropolitano, quer mediante outros processos que, através de convênio, venham a ser estabelecidos. Art. 4º – Compete ao Conselho Consultivo: I – opinar, por solicitação do Conselho Deliberativo, sobre questões de interesse da região metropolitana; II – sugerir ao Conselho Deliberativo a elaboração de planos regionais e a adoção de providências relativas à execução dos serviços comuns".

[322] ALVES, Alaôr Caffé. *Planejamento metropolitano e autonomia municipal no direito brasileiro.* São Paulo: Bushatsky; Emplasa, 1981. p. 161.

Essa lei complementar do Estado da Bahia, então comandado pelo Partido dos Trabalhadores, foi vista como uma tentativa de controlar e reduzir a autonomia do Município de Salvador, que contava com um novo Prefeito, ACM Neto, filiado ao Partido Democratas. A reação foi o ajuizamento de uma Ação Direta de Inconstitucionalidade nº 5.155 perante o STF pelo Partido Democratas. Dentre as várias alegações na ADIN, as quais têm como substrato o conceito de autonomia municipal, é relevante o argumento de que a Entidade Metropolitana não poderia ser uma autarquia intergovernamental por ofensa ao princípio federativo, mas deveria ter sido adotada a figura dos consórcios públicos.

A Procuradoria-Geral da República, em manifestação ministerial na ADIN, afastou essa alegação, pontuando, acertadamente, que:

> Surge a RM de acontecimento sociológico e urbanístico, reconhecido por lei complementar estadual, com a finalidade de garantir a realização integrada das funções públicas de interesse comum. Entretanto, o reconhecimento de aglomerado de municípios não é suficiente para concretizar esse objetivo, de maneira que se impõe instituição de figura administrativa, seja autarquia, empresa pública ou órgão vinculado a secretaria de Estado.[323]

Conforme se observa, a configuração institucional da Região Metropolitana não é um tema de consenso, mas se trata de questão que gera perplexidades em face da necessidade de se operar com um paradigma de autonomia compartilhada. Nesse contexto, o Estatuto das Metrópoles, em seu art. 8º, previu a governança interfederativa, no qual também se estabeleceu uma moldura institucional a ser preenchida pela atividade legiferante dos Estados quando criarem as Regiões Metropolitanas. Confira-se o dispositivo:

> Art. 8º A governança interfederativa das regiões metropolitanas e das aglomerações urbanas compreenderá em sua estrutura básica:
> I – instância executiva composta pelos representantes do Poder Executivo dos entes federativos integrantes das unidades territoriais urbanas;
> II – instância colegiada deliberativa com representação da sociedade civil;
> III – organização pública com funções técnico-consultivas; e
> IV – sistema integrado de alocação de recursos e de prestação de contas.

---

[323] Parecer nº 42.674/2015 – AsJConst/SAJ/PGR, p. 23.

A estrutura básica da governança interfederativa é uma moldura em que se admitem vários conteúdos e modalidades de concretização jurídica, sem estar comprometida com uma modelagem orgânica prévia ideal que, supostamente, seria mediante consórcios públicos. Nesse sentido, ao se utilizar de termos vagos como instância e organização pública, o Estatuto das Metrópoles conferiu ampla liberdade aos legisladores estaduais, o que não significa a ausência de controle de constitucionalidade ou legalidade.

O Estatuto das Metrópoles, ao estipular princípios jurídicos orientadores da atividade legislativa e administrativa, substituiu um eventual critério orgânico por um critério finalístico, no qual os princípios da supremacia do interesse comum sobre o local, da autonomia compartilhada e da responsabilidade comum, porém diferenciada, desempenham um importante papel na aferição da legalidade da estrutura de governança interfederativa. O foco na governança interfederativa se desloca dos órgãos e entes para os processos de gestão e planejamento da Região Metropolitana.

Nesse contexto, a governança interfederativa deve ter necessariamente uma instância executiva, com representantes do Poder Executivo dos entes federativos. Trata-se, portanto, de um mecanismo típico do federalismo executivo, na medida em que representantes do Poder Executivo se reúnem em comissões e colegiados para executar e coordenar ações de modo integrado. Por ser um mecanismo do federalismo executivo, apresenta os perigos do insulamento decisório e da atuação centrada nos próprios interesses institucionais. Esses riscos são mitigados porque é uma instância executiva e não deliberativa e de planejamento.

Talvez a principal tarefa da instância executiva seja a de formar a agenda[324] da gestão e do planejamento da Região Metropolitana. Nesse cenário, a ameaça é a supremacia do Estado ou do Município-polo na condução dessa instância executiva que pautará a atuação da

---

[324] Conferir a definição de formação da agenda por VICTOR, Sérgio Antônio Ferreira. *Presidencialismo de coalizão*: exame do atual sistema de governo brasileiro. São Paulo: Saraiva, 2015, p. 111: "(…) É importante salientar que, segundo linha influente da doutrina, a formação de agenda é um processo relacionado ao governo e envolve (i) o reconhecimento dos problemas a serem solucionados; (ii) a geração de propostas políticas para fazer frente aos problemas; e (iii) os eventos políticos que se relacionam com a opinião pública, resultado das eleições, entre outros (…)".

CAPÍTULO 3
GOVERNANÇA METROPOLITANA | 127

instância colegiada e deliberativa, sob quem repousa o poder decisório sobre o mérito das propostas. Um modo de inibir o imperialismo do Estado ou do Município-polo sobre os Municípios-satélites é estabelecer mecanismos de deliberação por maioria simples na instância executiva para assuntos que versem sobre a agenda do planejamento e gestão da Região Metropolitana, de tal maneira que se permita a articulação dos Municípios-satélites para viabilizarem assuntos que estão dentro da sua pauta de relevância.[325]

Por outro lado, a instância executiva pode abusar de suas competências. Nesse caso, a Região Metropolitana de Belo Horizonte criou um interessante mecanismo de controle. A gestão da Região Metropolitana de BH é realizada por um Conselho Deliberativo e por uma Assembleia Metropolitana, conforme previsto na Lei Complementar nº 88/2009.[326] A Assembleia Metropolitana tem o poder de vetar, por pelo menos dois terços dos votos, resolução emitida pelo Conselho Deliberativo. Trata-se de mecanismo que exerce o controle sobre a atividade da instância executiva, impedindo-se

---

[325] VERMUELE, Adrian. *Mechanisms of Democracy*: Institutional Design Writ Small. New York: Oxford University Press, 2007. p. 90-91.

[326] "Art. 8º A Assembléia Metropolitana é o órgão de decisão superior e de representação do Estado e dos Municípios na região metropolitana, competindo-lhe: I – definir as macrodiretrizes do planejamento global da região metropolitana; II – vetar, por deliberação de pelo menos dois terços do total de votos válidos na Assembléia, resolução emitida pelo Conselho Deliberativo de Desenvolvimento Metropolitano. §1º A proposição de veto a resolução editada pelo Conselho Deliberativo deverá ser apresentada por, pelo menos, um quarto do total de votos válidos na Assembleia, no prazo de vinte dias contados da data da publicação da resolução. §2º Apresentada a proposição de veto a que se refere o §1º deste artigo, o Presidente da Assembleia Metropolitana convocará reunião extraordinária para discussão e deliberação sobre a mesma. §3º As deliberações e resoluções da Assembleia Metropolitana serão aprovadas pelo voto de dois terços de seus membros. Art. 15. O Conselho Deliberativo de Desenvolvimento Metropolitano terá as seguintes funções: I – deliberar sobre a compatibilização de recursos de distintas fontes de financiamento destinados à implementação de projetos indicados no Plano Diretor de Desenvolvimento Integrado; II – fixar diretrizes e prioridades e aprovar o cronograma de desembolso dos recursos da subconta do Fundo de Desenvolvimento Metropolitano referente à sua região metropolitana; (Vide inciso XI do art. 215 da Lei Delegada nº 180, de 20/1/2011.) III – acompanhar e avaliar a execução do Plano Diretor de Desenvolvimento Integrado, bem como aprovar as modificações que se fizerem necessárias à sua correta implementação; IV – orientar, planejar, coordenar e controlar a execução de funções públicas de interesse comum; V – estabelecer as diretrizes da política tarifária dos serviços de interesse comum metropolitanos; VI – aprovar os balancetes mensais de desembolso e os relatórios semestrais de desempenho do Fundo de Desenvolvimento Metropolitano; (Vide inciso XI do art. 215 da Lei Delegada nº 180, de 20/1/2011.) VII – aprovar os relatórios semestrais de avaliação de execução do Plano Diretor de Desenvolvimento Integrado e de seus respectivos programas e projetos; VIII – provocar a elaboração e aprovar o Plano Diretor de Desenvolvimento Integrado da região metropolitana".

a busca pelos próprios interesses institucionais em detrimento da predominância do interesse comum, bem como evita que haja um "conluio" entre os representantes do Poder Executivo, na instância executiva, com a finalidade de subtrair poderes da Assembleia Metropolitana. Ademais, é um mecanismo de controle que permite a supervisão da instância executiva pela Assembleia Metropolitana, que tem representantes da sociedade civil. Atenua-se, assim, o perigo do insulamento decisório da instância executiva.

As regras decisórias da maioria simples para deliberação da instância executiva, bem como os poderes de veto da instância colegiada sobre as decisões da instância executiva, devem estar previstos na lei que instituir a Região Metropolitana, na medida em que se imuniza essas instâncias de pressões particularizadas, conferindo-se estabilidade e segurança jurídica ao processo decisório.

Na estrutura básica da governança interfederativa, deve estar também contemplada a existência de uma organização pública com funções técnico-consultivas, sendo que o Estatuto das Metrópoles não define se se trata de um órgão do Estado, uma autarquia, uma empresa pública ou um consórcio público. O Estado tem liberdade para eleger a forma jurídica mais adequada à realidade da Região Metropolitana. Adicione-se também a exigência de um sistema integrado de alocação de recursos e prestação de contas, o qual tem como escopo instrumentalizar o princípio da responsabilidade comum, porém diferenciada, no qual os entes federativos são chamados a participar e colaborar na realização das funções públicas de interesse comum, de acordo com as suas peculiaridades e especificidades.

O coração da governança interfederativa é a instância colegiada deliberativa com representação da sociedade civil, a qual denominamos Assembleia Metropolitana. A relevância da Assembleia Metropolitana se dá porque se trata da instância com poderes decisórios sobre o planejamento e a gestão metropolitana que se sobrepõem às demais instâncias.

3.3.3 Assembleia Metropolitana

O Estatuto das Metrópoles exige uma instância colegiada com representação da sociedade civil na governança interfederativa que nomeamos Assembleia Metropolitana, porém pode assumir outra nomenclatura.[327] Conforme já assinalado, o Estatuto das Metrópoles atribuiu ampla margem de liberdade ao legislador estadual, fixando apenas uma moldura a ser preenchida. A novidade é a exigência de representação da sociedade civil, na medida em que se trata de uma instância deliberativa, isto é, com poderes decisórios, e não meramente consultiva. Dessa maneira, adquire enorme relevância o processo por meio do qual serão recrutados esses representantes da sociedade civil, os quais podem ser cooptados tanto pelo aparelho burocrático quanto pelo mercado. Partilham dessa preocupação Franzoni e Hoshino:

> A previsão de obrigatória representação da sociedade civil na instância colegiada deliberativa da governança metropolitana é avanço a se comemorar (II, Art. 8º). Pontua-se esse tópico em específico uma vez que ele representa uma mudança da lógica que se perpetua no Brasil de conselhos com participação popular e de entidades sem caráter deliberativo, como o são os conselhos das cidades. Contudo, os desafios para sua eleição e composição permanecem abertos às regulamentações casuísticas por cada RM. Há que se prestar muita atenção na metodologia que irá descrever esse processo eleitoral e confirmará os grupos de interesse a serem representados, uma vez que o formato territorial da administração metropolitana exige preocupações da representatividade adequada espacialmente.[328]

É comum que a representação da sociedade civil em instâncias deliberativas esteja vinculada apenas ou majoritariamente a entidades de classe ou a segmentos do mercado. Nesse sentido, o Conselho de Saúde oferece um modelo que almeja uma distribuição mais equânime na representação, pois, além dos representantes do governo, há a previsão de representantes dos prestadores de serviço, dos profissionais de saúde e dos usuários do Sistema Único de Saúde (art. 1º da Lei nº 8.412/91).[329] A preocupação em assegurar

---

[327] Cordeiro denomina de parlamento metropolitano. Conferir CORDEIRO, Glauber de Lucena. *Regiões Metropolitanas*: o papel dos parlamentos metropolitanos na governança interfederativa do estatuto das metrópoles (Lei nº 13.089/2015). Rio de Janeiro: Editora Lumen Juris, 2016º.

[328] FRANZONI, Júlia Ávila; HOSHINO, Thiago de Azevedo Pinheiro. Da urbanização periférica ao direito à metrópole: a Lei 13.089/2015 no reescalonamento da política urbana. *Revista Brasileira de Direito Urbanístico – RBDU*, Belo Horizonte, v. 1, n. 1, p. 16, jul./dez. 2015.

[329] "Art. 1º O Sistema Único de Saúde (SUS), de que trata a Lei nº 8.080, de 19 de setembro de 1990, contará, em cada esfera de governo, sem prejuízo das funções do Poder Legislativo,

a participação dos usuários foi tanta que se exige seja paritária em relação aos demais segmentos.

Para a elaboração do mecanismo de escolha dos representantes da sociedade civil na Assembleia Metropolitana, pode-se adotar a diretriz de que seja assegurada a participação paritária aos "usuários" das funções públicas de interesse comum em relação aos demais segmentos oriundos da sociedade civil.

Outra diretriz que pode nortear a elaboração do mecanismo de escolha dos representantes da sociedade civil é a busca por atenuar o paroquialismo metropolitano que contamina as Assembleias Estaduais. Nesse sentido, é importante que a representação dos "usuários" esteja calcada na vida da Região Metropolitana e não de outras unidades territoriais.

A complexidade da composição da Assembleia Metropolitana não se esgota na escolha dos representantes da sociedade civil. O paradigma fixado pelo STF é no sentido de que os entes federativos participantes da Região Metropolitana, no caso, Estado e Municípios, são os cotitulares de maneira compartilhada do interesse metropolitano. Acrescente-se que o exercício dessa competência compartilhada deve ocorrer por meio de uma decisão colegiada, na qual se admite a atribuição de pesos diferenciados aos votos dos entes federativos.

Em razão de a Lei Complementar nº 41/2014 que definiu o modelo organizacional da Região Metropolitana de Salvador ter sido promulgada após o julgamento da ADIN nº 1842 no STF, o diploma

---

com as seguintes instâncias colegiadas: I – a Conferência de Saúde; e II – o Conselho de Saúde. §1º A Conferência de Saúde reunir-se-á a cada quatro anos com a representação dos vários segmentos sociais, para avaliar a situação de saúde e propor as diretrizes para a formulação da política de saúde nos níveis correspondentes, convocada pelo Poder Executivo ou, extraordinariamente, por esta ou pelo Conselho de Saúde. §2º O Conselho de Saúde, em caráter permanente e deliberativo, órgão colegiado composto por representantes do governo, prestadores de serviço, profissionais de saúde e usuários, atua na formulação de estratégias e no controle da execução da política de saúde na instância correspondente, inclusive nos aspectos econômicos e financeiros, cujas decisões serão homologadas pelo chefe do poder legalmente constituído em cada esfera do governo. §3º O Conselho Nacional de Secretários de Saúde (Conass) e o Conselho Nacional de Secretários Municipais de Saúde (Conasems) terão representação no Conselho Nacional de Saúde. §4º A representação dos usuários nos Conselhos de Saúde e Conferências será paritária em relação ao conjunto dos demais segmentos. §5º As Conferências de Saúde e os Conselhos de Saúde terão sua organização e normas de funcionamento definidas em regimento próprio, aprovadas pelo respectivo conselho".

legal criou um sistema de pesos dos votos dos entes federativos no âmbito do que denominou de Colegiado Metropolitano, o qual guarda identidade com a instância colegiada deliberativa do Estatuto das Metrópoles, exceto em virtude de não contemplar representação da sociedade civil, mas cujo exemplo é ilustrativo da complexidade do sistema de pesos dos votos. Confira-se:

> Art.7º. O Colegiado Metropolitano é a instância máxima da Entidade Metropolitana da Região Metropolitana de Salvador e somente poderá deliberar com a presença de representantes de entes da Federação que detenham pelo menos, a maioria absoluta do número total de votos, sendo que:
> I – o número de votos de cada Município será proporcional à sua população, na conformidade da última contagem do censo promovido pelo Instituto Brasileiro de Geografia e Estatística – IBGE, sendo assegurado a cada Município ao menos um voto;
> II – o Estado da Bahia terá o mesmo número de votos do Município com maior população;
> III – a soma dos votos mencionados nos incisos I e II deste artigo será 100 (cem).
> §1º Para fins de cálculo de votos, adotar-se-ão as seguintes regras de arredondamento:
> I – conservar o número escrito à esquerda da vírgula, se o algarismo à direito da vírgula for inferior a cinco;
> II – aumentar uma unidade ao número escrito à esquerda da vírgula, se o algarismo à direita da vírgula for igual ou superior a cinco.
> §2º A aprovação de qualquer matéria sujeita a deliberação ocorrerá por metade mais um do total de votos, calculados na forma estabelecida neste artigo, podendo o Regimento Interno prever hipóteses de quórum qualificado.
> §3º Presidirá o Colegiado Metropolitano o Governador do Estado ou, nas suas ausências e impedimentos, o Vice-Governador do Estado.

Constata-se, portanto, que o diploma baiano teve como um de seus objetivos equalizar as relações entre Estado e Município-polo ao atribuir peso idêntico aos votos. Entretanto, a elaboração dessa fórmula não é simples e não há um padrão. Ademais, tornou-se mais complexa a equação com a exigência do Estatuto das Metrópoles de representação da sociedade civil. Provavelmente, essa questão é uma das mais delicadas a ser definida pela lei instituidora de uma Região Metropolitana ou Aglomeração Urbana, sobretudo, considerando-se a competência deliberativa da Assembleia Metropolitana.

A Assembleia Metropolitana reveste-se de vital importância para a governança interfederativa porque é a instância deliberativa. Contudo, o Estatuto das Metrópoles não definiu o âmbito de sua competência, ressalvando-se o da aprovação do Plano de Desenvolvimento Urbano Integrado antes de o projeto de lei ser encaminhado à Assembleia Legislativa (art.10, §4º do Estatuto das Metrópoles).

O STF fixou no julgamento da ADIN nº 1842 que a titularidade do poder concedente do serviço de saneamento básico nas Regiões Metropolitanas pertence ao colegiado integrado por Estado e Municípios, o que encontra correspondência com a instância colegiada do Estatuto das Metrópoles, em razão de se tratar de uma instância deliberativa. Trata-se de algo que não é usual, uma vez que a titularidade do poder concedente passa a ser de um condomínio metropolitano, o que é explicado da seguinte maneira:

> A titularidade dos serviços públicos afetos à região metropolitana passa a não ser de titularidade única de um ente federado – como pretendeu as regras de divisão de competência da Constituição de 88 – quer seja do Estado quer seja dos Municípios envolvidos. Cria-se assim um novo tipo de competência, não é debatida pela doutrina constitucional, omissão que atravanca a implementação das regiões, seja metropolitana ou administrativa, no Brasil.
> Trata-se de uma competência por transposição de funções entre entes federados – distintos tanto verticalmente como horizontalmente – o que implica na elaboração de leis gerais, flexíveis que acabam por ter baixa capacidade normativa, esvaziando a eficiência da organização e planejamento regionais.[330]

No caso do serviço de saneamento básico, o STF definiu que se trata de serviço público, cuja titularidade é da Região Metropolitana. Quanto às demais funções públicas de interesse comum, adquire relevância o papel da lei instituidora da Região Metropolitana, que tem como requisito a delimitação dos campos funcionais ou funções públicas de interesse comum.

Desse modo, a decisão sobre eventual concessão do serviço público de saneamento básico dependerá, em última instância,

---

[330] CONTIPELLI, Ernani de Paula; MENEZES, Daniel Francisco Nagao. Os rumos das regiões metropolitanas: comparação Itália-Brasil. *Revista Fórum de Direito Financeiro e Econômico*, Belo Horizonte, v. 3, n. 4, p. 95, set. 2013/fev. 2014.

de deliberação da Assembleia Metropolitana. Daí a relevância de se estabelecer um quórum adequado para a deliberação pela Assembleia Metropolitana de questões substanciais, como a de uma concessão do serviço público de saneamento básico.

O modelo de unanimidade do CONFAZ tem altíssimo potencial de paralisia, uma vez que gera a armadilha da decisão conjunta. Caso se replique no âmbito da Assembleia Metropolitana, estar-se-ia atribuindo o poder de veto a apenas um ator do colegiado, o que se revela extremamente contraproducente, consoante exemplo do CONFAZ. Por outro lado, a fixação de um quórum de maioria simples não se revela adequado, pois, como já foi observado, é uma técnica mais adequada para temas procedimentais e formais.

A técnica da maioria qualificada é mais adequada para temas substanciais, como a discussão sobre o modo pelo qual se dará a execução do serviço público de saneamento básico. Primeiro, porque a maioria qualificada permite que uma minoria se articule para bloquear a ação da maioria, aumentando seu poder de barganha e negociação, sem se eliminar a capacidade decisória da Assembleia Metropolitana, desde que o quórum por maioria qualificada não seja excessivamente elevado. Segundo, pois o quórum de maioria qualificada promove mais *accountability*, uma vez que todos os votantes são necessariamente chamados a se pronunciar e manifestar seu voto, tornando evidente para a sociedade as suas preferências e escolhas, o que viabiliza o controle social.[331]

O sucesso da Assembleia Metropolitana depende, além da participação da sociedade civil, do engajamento dos entes federativos, em especial, dos Municípios menores, os quais podem se mostrar desinteressados na gestão da Região Metropolitana. A associação é compulsória, a participação é facultada, mas não obrigatória.

Como a Assembleia Metropolitana é uma instância deliberativa e que, por consequência, define também a alocação de recursos financeiros, o modo pelo qual as Regiões Metropolitanas são financiadas pode ser um importante estímulo ao engajamento dos entes federativos no processo deliberativo.

---

[331] VERMUELE, Adrian. *Mechanisms of Democracy: Institutional Design Writ Small*. New York: Oxford University Press, 2007. p. 117-118.

3.4 Financiamento das Regiões Metropolitanas

Na sistemática da Lei Complementar nº 14/73 que disciplinava as Regiões Metropolitanas, apontava-se como grande omissão a ausência de previsão de "preceitos instituidores e organizadores de mecanismos de captação e redistribuição de receitas públicas para promoverem os serviços comuns".[332]

O Estatuto das Metrópoles persistiu nesse equívoco, uma vez que a grande lacuna é o tema do financiamento das Regiões Metropolitanas e Aglomerações Urbanas. O Estatuto das Metrópoles contemplava a matéria mediante a instituição de um Fundo Nacional de Desenvolvimento Urbano Integrado – FNDUI que foi vetado, cuja redação era a seguinte:

> Art. 17. Fica instituído o Fundo Nacional de Desenvolvimento Urbano Integrado – FNDUI, de natureza contábil e financeira, com a finalidade de captar recursos financeiros e apoiar ações de governança interfederativa em regiões metropolitanas e em aglomerações urbanas, nas microrregiões e cidades referidas no §1º do art. 1º desta Lei e em consórcios públicos constituídos para atuação em funções públicas de interesse comum no campo do desenvolvimento urbano.
> Art. 18. Constituem recursos do FNDUI:
> I – recursos orçamentários da União a ele destinados;
> II – recursos decorrentes do rateio de custos com Estados e Municípios, referentes à prestação de serviços e realização de obras afetas às funções públicas de interesse comum;
> III – contribuições e doações de pessoas físicas ou jurídicas;
> IV – contribuições de entidades e organismos de cooperação nacionais ou internacionais;
> V – receitas operacionais e patrimoniais de operações realizadas com recursos do Fundo; e
> VI – outros recursos que lhe vierem a ser destinados na forma da lei.
> §1º A aplicação dos recursos do FNDUI será supervisionada por um conselho deliberativo, com a participação da União, dos Estados e dos Municípios, bem como de representantes da sociedade civil.
> §2º O regulamento disporá sobre o órgão gestor do FNDUI e sobre o grupo de assessoramento técnico ao Fundo.
> §3º Fica vedada a utilização dos recursos do FNDUI para o pagamento de dívidas e coberturas de défices fiscais de órgãos e entidades de qualquer esfera de governo.

---

[332] ALVES, Alaôr Caffé. Redistribuição de rendas tributárias em Região Metropolitana. *Revista da Procuradoria-Geral do Estado de São Paulo*, São Paulo, n. 10, p. 391, jun. 1977.

§4º Os recursos referidos no inciso II do *caput* deste artigo, se alocados por Estado, somente podem ser aplicados na própria unidade da Federação e, se alocados por Município ou pelo Distrito Federal, na própria região metropolitana ou aglomeração urbana a que ele pertencer.

O FNDUI era um patrimônio afetado a uma finalidade, o que se enquadra na definição jurídica clássica de fundos patrimoniais, e foi essa a razão pela qual foi vetado, pois, de acordo com as razões do veto, o argumento é de que a vinculação de receitas a finalidades específicas prejudica a gestão do orçamento e a eficiência do gasto público. Assim, atualmente, não existe um mecanismo para o financiamento das Regiões Metropolitanas e Aglomerações Urbanas.

Delcol noticia a existência da Proposta de Emenda Constitucional nº 13/2014, na qual, entre as proposições, existe a de que a lei complementar estadual instituidora destine parcela dos recursos financeiros dos arts. 157-159 da Constituição Federal às Regiões Metropolitanas. Em outras palavras, os recursos do imposto de renda, do FPM e do FPE que são pulverizados poderiam ser redistribuídos às Regiões Metropolitanas.[333]

Marcos Mendes já havia aventado proposta semelhante ainda na década de 1990 ao formular a sugestão da criação do Fundo de Participação Metropolitana, que é justificada do seguinte modo:

> Frente a estas peculiaridades, cabe a criação de entidades nas Regiões Metropolitanas que coordenem os investimentos em infra-estrutura urbana de uso comum, bem como a sua manutenção. Trata-se, pois, de uma ação cooperativa entre Municípios metropolitanos visando a racionalizar a aplicação de recursos públicos e atingir economias de escala na produção de bens e serviços públicos de uso comum.
> Ganham destaque nesse cenário de economias de escala os investimentos em equipamentos urbanos de grande porte, bem como a sua manutenção, nas áreas de: transporte (anéis rodoviários, trens urbanos, metrô), saneamento (sistema metropolitano de água e esgoto) e meio ambiente (despoluição de rios e canais, controles de qualidade de ar, tratamento de resíduos industriais).

---

[333] DELCOL, Rafaela Fabiana Ribeiro. Estatuto da Metrópole: contribuições ao debate. ENCONTRO NACIONAL DA ANPEGE, 11., 2015, Presidente Prudente. *Anais...* Presidente Prudente: Associação Nacional de Pós-Graduação e Pesquisa em Geografia, 2015. p. 5906-5907.

Tal entidade coordenadora precisa receber recursos em montante compatível com os elevados custos de investimento e custeio que administrará. Por isso, seria interessante que uma parte das transferências de FPM, FPE e ICMS recebidas pelos Municípios metropolitanos não fosse pulverizada (entregue a cada um dos Municípios, isoladamente). Uma parcela dessas transferências poderia formar um Fundo de Participação das Regiões Metropolitanas (FPRM), a ser administrado por Conselhos das Regiões Metropolitanas (composto por todos os Prefeitos da área, por exemplo) que decidiriam quanto à aplicação em bens e serviços públicos de uso comum.[334]

Adaptando essa realidade ao Estatuto das Metrópoles, os recursos desse Fundo de Participação das Regiões Metropolitanas seriam destinados apenas às Regiões Metropolitanas e Aglomerações Urbanas com gestão plena, a fim de se evitar a proliferação dessas organizações, pois implicaria a dispersão de recursos financeiros, o que contrariaria a lógica desse fundo, na medida em que os investimentos em equipamentos urbanos nas Regiões Metropolitana são vultosos e estão inseridos em uma economia de escala.

A outra grande vantagem da criação do Fundo de Participação Metropolitana seria o estímulo aos Municípios se envolverem no planejamento e gestão da Região Metropolitana, na medida em que a decisão dos recursos financeiros se deslocaria de vários centros dispersos para as instâncias executivas e colegiadas das Regiões Metropolitanas. Evidentemente, haveria um estímulo à participação, ainda que por disputa de recursos financeiros, mas a discussão migraria para as funções públicas de interesse comum.

A grande questão é sobre a constitucionalidade dessa proposta: se seria necessária uma emenda constitucional tal qual a da PEC nº 13/2014 ou bastaria apenas a criação do Fundo de Participação Metropolitana por meio de lei complementar federal.

Eros Grau, ainda sob à égide da Constituição anterior, admitia a criação de um fundo semelhante por meio de lei complementar federal mediante a realocação dos recursos financeiros do ICMS, e expõe a sua proposta do seguinte modo:

---

[334] MENDES, Marcos. *Proposta para um novo federalismo fiscal*: novos critérios de distribuição para o FPM e criação do Fundo de Participação das Regiões Metropolitanas. Brasília: Banco Central do Brasil, jan. 1994. p. 36-37.

CAPÍTULO 3
GOVERNANÇA METROPOLITANA | 137

Nestas condições, assim como não seria constitucional, como em oportunidades diversas demonstrou Ruy Barbosa Nogueira, a instituição de um fundo de participação dos municípios, parcialmente atribuível à entidade metropolitana, no montante que, da arrecadação do imposto sobre circulação de mercadorias, constitui receita municipal – visto que o tipo de distribuição definida pelo parágrafo 8º do artigo 23 da Constituição vigente, consubstancia uma modalidade de participação na arrecadação tributária – não sendo Estados e Municípios titulares das receitas que integram seus respectivos Fundos de Participação, a alteração dos critérios de sua distribuição, para que partes dos seus produtos fossem distribuídos às entidades metropolitanas, em nada afrontaria as normas constitucionais do citado artigo 25. Bastaria, para que a constitucionalidade destas distribuições se tornasse indiscutível, que a alteração nos referidos critérios se verificasse através das leis complementares estabelecedoras das regiões metropolitanas, pois a determinação dos critérios atualmente adotados é a disposta na Lei 5.172, de 25 de outubro de 1966, que, por força do disposto no artigo 7º do Ato Complementar nº 36, de 13 de março de 1967, passou a denominar-se Código Tributário Nacional, assumindo, assim o caráter de lei complementar. Dizendo também expresso respeito, as funções governamentais desempenhadas pelas entidades metropolitanas, ao interesse municipal – bem assim ao próprio Estado, sob nenhum outro aspecto poderia ser acoimada de inconstitucional aquela alteração.[335]

O grande teste de constitucionalidade de eventual lei complementar federal que criasse o Fundo de Participação Metropolitano seria justificar a entrega de recursos que seriam destinados aos Municípios mediante FPM e aos Estados por meio do FPE à Região Metropolitana ou Aglomeração Urbana. Os fundos de participação são meras "contas-correntes", como antes registrado. Os recursos são de titularidade dos Municípios e dos Estados. Como justificar, do ponto de vista constitucional, a migração de parcela desses recursos para entidades metropolitanas?

Nesse cenário, o Fundo de Participação Metropolitana teria recursos do FPM e do FPE. Logo, de titularidades dos Municípios e dos Estados, e seriam distribuídos às Regiões Metropolitanas de acordo com critérios técnicos fixados em lei. A Região Metropolitana é uma associação compulsória entre Estado e Municípios, não sendo um ente político. Assim, os recursos seriam ainda direcionados ao

---

[335] GRAU, Eros Roberto. *Regiões Metropolitanas*: regime jurídico. São Paulo: Bushatsky, 1974. p. 146-147.

Estado e Municípios. Resta, porém, como explicar que Municípios recebam recursos do Estado e vice-versa.

O argumento é conferir o tratamento dos recursos do Fundo de Participação Metropolitana como uma obrigação indivisível, isto é, a União teria a obrigação de repassar os recursos financeiros às Regiões Metropolitanas, podendo tanto o Estado quanto qualquer dos Municípios exigir a dívida inteira, nos termos do art. 260 do Código Civil. Os recursos financeiros, embora sejam tecnicamente divisíveis, revestem-se de uma indivisibilidade jurídica, na medida em que estão vinculados à execução de funções públicas de interesse comum, consoante a dicção do §3º do art. 25 da Constituição Federal, cuja alocação é de atribuição das Regiões Metropolitanas.

O tema do financiamento das funções públicas de interesse comum nas Regiões Metropolitanas apresenta outras variáveis, as quais serão abordadas em seguida, especialmente, com o instituto dos consórcios públicos de saúde.

CAPÍTULO 4

FUNÇÕES PÚBLICAS DE INTERESSE COMUM

4.1 Conceito

A Constituição anterior, tendo como base o projeto do professor Hely Lopes Meirelles, previu a criação de Regiões Metropolitanas para o planejamento e a execução dos serviços de interesse comum. A Constituição de 1988 inovou e prescreveu que as Regiões Metropolitanas são instituídas para a organização, o planejamento e a execução das funções públicas de interesse comum. Substituiu-se "serviços" por "funções públicas". Trata-se de uma alteração deliberada do Constituinte, pois foi formulada no âmbito da Subcomissão dos Municípios e Regiões Metropolitanas pelo Constituinte Waldeck Ornelas. Confira-se:

> Também apresentei duas outras sugestões, com respeito ao capítulo das áreas metropolitanas. Uma delas concerne ao §2º do art. 19. Trata-se de substituir a expressão "serviços públicos de interesse metropolitano" por "funções públicas de interesse metropolitano". O sentido, aí, claro e evidente, é de utilizar um conceito mais moderno, mais amplo e abrangente, porque, na nossa tradição, pelo fato de a própria Constituição especificar quais são os serviços públicos concedidos no caso, energia elétrica, transporte, etc... – a expressão fica muito limitada e o próprio planejamento estaria restrito nessa conceituação, que, aliás, é o da Constituição vigente. A região metropolitana, na carta em vigor, foi constituída para atender a serviços de interesse comum.
>
> Ora, sabemos que a área metropolitana é um local, por excelência, onde se realizam todas as funções urbanas, da União, dos Estados e dos municípios,

razão pela qual a mudança visa a dar uma maior amplitude ao conceito e permitir que essa coordenação de objetivos, de atividades e de recursos que o Relator propõe no seu anteprojeto possa ser mais amplamente explorada por parte do conselho que gerirá as regiões metropolitanas.[336]

Conforme se verifica, o conceito de "função pública" é mais amplo do que o de "serviço comum", abarcando atividades administrativas de todo tipo, como prestação de serviços públicos, realização de obras públicas, regulação, exercício de poder de polícia, poder sancionador, planejamento urbano, entre outras.[337]

Se o conceito de funções públicas é o mais amplo possível, a noção de interesse comum deve estar positivada na lei complementar estadual instituidora da Região Metropolitana, isto é, devem estar indicadas nessa lei as funções públicas de interesse comum, o que se justifica em razão de que essas funções públicas migram da esfera de competência municipal e estadual para a Região Metropolitana em homenagem ao interesse metropolitano.[338]

O Estatuto das Metrópoles alinha-se a essa interpretação constitucional ao exigir que a lei instituidora fixe os campos funcionais ou funções públicas que justificam a criação de uma Região Metropolitana, o que deve estar demonstrado do ponto de vista técnico.[339] O Estatuto das Metrópoles emprega o termo "campo

---

[336] BRASIL. Assembleia Nacional Constituinte, Comissão de Organização do Estado, Subcomissão dos Municípios e Regiões. *Diário da Assembleia Nacional Constituinte*. Brasília: Poder Legislativo, 1987. (Suplemento). p. 155.

[337] MARTYNYCHEN, Marina Michel de Macedo. Constituição Federal de 1988 e o fortalecimento das regiões metropolitanas. In: CLÈVE, Clèmerson Merlin; PEREIRA, Ana Lúcia Pretto (Coord.). *Direito Constitucional brasileiro*: organização do Estado e dos poderes. São Paulo: Editora Revista dos Tribunais, 2014. v. 2, p. 70.

[338] Conferir a lição, à luz da Constituição anterior, de ALVES, Alaôr Caffé. *Planejamento metropolitano e autonomia municipal no direito brasileiro*. São Paulo: Bushatsky; Emplasa, 1981. p. 316-317.

[339] "Art. 5º As leis complementares estaduais referidas nos arts. 3º e 4º desta Lei definirão, no mínimo: I – os Municípios que integram a unidade territorial urbana; II – os campos funcionais ou funções públicas de interesse comum que justificam a instituição da unidade territorial urbana; III – a conformação da estrutura de governança interfederativa, incluindo a organização administrativa e o sistema integrado de alocação de recursos e de prestação de contas; e IV – os meios de controle social da organização, do planejamento e da execução de funções públicas de interesse comum. §1º No processo de elaboração da lei complementar, serão explicitados os critérios técnicos adotados para a definição do conteúdo previsto nos incisos I e II do *caput* deste artigo. §2º Respeitadas as unidades territoriais urbanas criadas mediante lei complementar estadual até a data de entrada em vigor desta Lei, a instituição de região metropolitana impõe a observância do conceito estabelecido no inciso VII do *caput* do art. 2º".

funcional", cujo objetivo aparenta ser o de ampliar ainda mais a noção de função pública. Na Lei Complementar nº 1.139/2011 do Estado de São Paulo, que disciplina a Região Metropolitana de São Paulo, emprega-se o termo "campo funcional" do seguinte modo:

> *Artigo 12* – O Conselho de Desenvolvimento especificará as funções públicas de interesse comum ao Estado e aos Municípios da Região Metropolitana de São Paulo, dentre os seguintes campos funcionais:
> *I* – planejamento e uso do solo;
> *II* – transporte e sistema viário regional;
> *III* – habitação;
> *IV* – saneamento ambiental;
> *V* – meio ambiente;
> *VI* – desenvolvimento econômico;
> *VII* – atendimento social;
> *VIII* – esportes e lazer.
> *§1º* – O planejamento do serviço previsto no inciso II deste artigo será de competência do Estado e dos Municípios integrantes da Região Metropolitana de São Paulo.
> *§2º* – A operação de transportes coletivos de caráter regional será realizada pelo Estado, diretamente ou mediante concessão ou permissão, observadas as normas de licitação, ou por meio de consórcio público, nos termos da Lei federal nº 11.107, de 6 de abril de 2005.
> *§3º* – Para os efeitos desta lei complementar, os campos funcionais indicados nos incisos V, VI e VII deste artigo compreenderão as funções saúde, educação, planejamento integrado da segurança pública, cultura, recursos hídricos, defesa civil e serviços públicos em regime de concessão ou prestados diretamente pelo Poder Público, sem prejuízo de outras funções a serem especificadas pelo Conselho de Desenvolvimento.

Pela lei de São Paulo, campos funcionais guardam identidade com funções públicas, na medida em que caberia ao Conselho de Desenvolvimento da Região Metropolitana especificar outras funções públicas de interesse comum. Por outro lado, o Estatuto das Metrópoles exige que a previsão em lei dessas funções públicas de interesse comum esteja acompanhada com a devida justificativa técnica. Assim, as funções públicas de interesse comum justificam a criação de uma Região Metropolitana, e não o contrário. Mais uma vez, nos socorremos do magistério de Alves, que é sempre preciso:

> A identificação dessas funções é também de grande relevância para sua determinação jurídica, visto que não basta considerá-la formalmente (num texto legal, por exemplo), ou por mera conveniência contingencial para

enquadrá-la na figura jurídica de função pública de interesse comum (de caráter constitucional). Ela precisa ter "natureza" regional, identificada por critérios justificadores, arguíveis juridicamente e que possam ser deduzidos prudencialmente em caso de contestação judicial. E isso é particularmente importante, porque seu tratamento pode resvalar para a questão da autonomia dos entes políticos envolvidos na região metropolitana.[340]

Com essa sistemática, quanto mais delimitadas as funções públicas de interesse comum, menores serão os potenciais conflitos de competência entre os entes federativos, pois a delimitação do interesse metropolitano estará nítida, o que não significa que não poderá haver disputas, mas que ocorrerão em outro terreno e sob bases empíricas concretas, pois existirão dois elementos que permitirão a sindicância judicial da definição em lei complementar estadual das funções públicas de interesse comum.

O primeiro elemento que já foi mencionado é o da necessidade de justificativa, mediante apresentação de critérios técnicos no bojo do projeto de lei complementar estadual instituidora da Região Metropolitana, a respeito da definição das funções públicas de interesse comum. Essa justificativa se insere no âmbito da discricionariedade técnica, porém não a imuniza do controle judicial.

O segundo elemento é o conceito de "função pública de interesse comum" introduzido pelo Estatuto das Metrópoles, que serve de chave de interpretação desses critérios técnicos. O Estatuto das Metrópoles conceitua "função pública de interesse comum" como a "política pública ou ação nela inserida cuja realização por parte de um Município, isoladamente, seja inviável ou cause impacto em Municípios limítrofes" (art. 2º, inciso II).

A noção de política pública ou ação é compatível com a amplitude de atividades administrativas incluídas no conceito de "função pública". O restante do conceito, "cuja realização por parte de um Município isoladamente, seja inviável ou cause impacto em Municípios limítrofes", visa à explicação do que se traduz

---

[340] ALVES, Alaôr Caffé. Questões urbanas regionais: Estado, Municípios e Regiões Metropolitanas no Brasil – articulações jurídicas e conflitos institucionais. In: MENDES, Gilmar Ferreira; CARNEIRO, Rafael Araripe (Org.). *Gestão pública e direito municipal*. São Paulo: Saraiva, 2016. p. 104.

por interesse comum, empregando uma terminologia que remete a definições de microeconomia que auxiliam a compreensão do significado do conceito de "função pública de interesse comum", introduzido pelo Estatuto das Metrópoles.

Veja-se o caso do saneamento básico, que foi o grande elemento deflagrador da ADIN nº 1842. A questão da titularidade do serviço público de saneamento básico nas Regiões Metropolitanas é extremamente relevante, pois se trata de um monopólio natural, isto é, não se admite a concorrência e a prestação do serviço por mais de uma entidade na mesma porção do território. O monopólio natural explica-se em razão dos seguintes motivos:

> Seria inviável, para não dizer impossível, manter duas malhas dutoviárias paralelas em uma mesma localidade, seja por questões físico-espaciais, sejam financeiras (o custo seria estratosférico). Consequentemente há apenas um prestador por região-geográfica, o que implica ausência de concorrência, razão pela qual esse serviço sempre esteve a cargo do Poder Público.[341]

O saneamento básico nas Regiões Metropolitanas, portanto, é um serviço público, cuja realização em regime de competição é inviável porque é um monopólio natural. Daí a caracterização como função pública de interesse comum.

O Serviço Único de Saúde – SUS é outro exemplo de que a realização apenas por parte de um Município isoladamente é inviável, porque um Município não pode negar acesso aos serviços de saúde a residentes de outros Municípios. Logo, um Município é sobrecarregado financeiramente, enquanto outro se desincumbe dos custos financeiros. É o problema econômico do *free-rider* (carona), ou seja, de quem se beneficia sem custos.[342] O serviço público de saúde é uma função pública de interesse comum que justifica a instituição de uma Região Metropolitana, associação compulsória, ou a formação de consórcios públicos, associação voluntária.

---

[341] DEMOLINER, Karine Silva. *Água e saneamento básico*: regimes jurídicos e marcos regulatórios no ordenamento brasileiro. Porto Alegre: Livraria do Advogado Editora, 2008. p. 148.

[342] TEIXEIRA, Luciana da Silva. Consórcios intermunicipais: instrumento para aumentar eficiência do gasto público. In: MENDES, Marcos (Org.). *Gasto público eficiente*: 91 propostas para o desenvolvimento do Brasil. Rio de Janeiro: Topbooks, 2006. p. 255-256.

O problema do *free-rider* acontece porque o SUS se estrutura como um bem coletivo, isto é, um bem cujo acesso não pode ser excluído e, portanto, se trata de um bem limitado em disputa pelos atores da sociedade. É o problema da tragédia dos comuns, que se explica normalmente pelo exemplo das porções de terra na Europa medieval, cujo acesso era aberto e irrestrito e aonde os pastores levavam os seus rebanhos para se alimentar. Como os campos eram de livre disponibilidade, cada pastor, buscando maximizar o seu ganho, agregava mais um animal ao rebanho. O problema é que esse comportamento se replicava com todos os pastores, o que ocasionava uma incapacidade de os pastos alimentarem todos os rebanhos.[343]

No âmbito das cidades, existem os urbanos comuns que são, por exemplo, os parques e os sistemas viários.[344] Além disso, a própria formulação do direito à cidade no plano nacional e no plano internacional somente pode ser compreendida como um bem coletivo, ou, na linguagem do Direito, como um direito difuso.[345] Desse modo, a agenda metropolitana passa, necessariamente, pela compreensão de que lida com a tragédia dos comuns, sendo o planejamento e a execução das funções públicas de interesse comum um dos modos de superar essa tragédia e de implementar o direito à cidade.

Assim, as funções públicas de interesse comum são políticas públicas ou ações que são inviáveis por um Município isoladamente ou que causam impacto nos Municípios limítrofes. Logo, há caracterizado um interesse metropolitano que justifica a criação de uma Região Metropolitana. A delimitação em lei dessas funções públicas e a motivação administrativa fundamentada na discricionariedade técnica são elementos importantes em eventuais disputas judiciais entre os entes federativos e a Região Metropolitana por competição e afirmação de suas competências.

O STF examinou dois casos, ainda sob à vigência da Constituição anterior, que ilustram bem essa disputa por competência, no caso,

---

[343] AGUSTINHO, Eduardo Oliveira. *As tragédias dos Comuns e dos Anticomuns*. In: RIBEIRO, Marcia Carla Pereira; KLEIN, Vinícius (Coord.). *O que é análise econômica do direito*: uma introdução. Belo Horizonte: Fórum, 2011. p. 51-52.

[344] FOSTER, Sheila R. Collective Action and the Urban Commons. *Notre Dame Law Review*, v. 87, n. 1, p. 58-59, 2011.

[345] Conferir FERNANDES, Edésio. Constructing the "Right to the City" in Brazil. In: *Social Legal Studies*, v.16, n. 2, p. 201-219, 2007.

CAPÍTULO 4
FUNÇÕES PÚBLICAS DE INTERESSE COMUM | 145

entre Município e Região Metropolitana. O primeiro caso, localizado na consulta à base de jurisprudência no sítio eletrônico do STF, foi o RE nº 81.181, julgado em 09/12/1975; portanto, logo após a publicação da Lei Complementar nº 14/73. O caso versava sobre a impetração de um mandato de segurança por taxistas licenciados em Municípios que integravam a Região Metropolitana de Curitiba, porém circulavam em Curitiba sem a licença deste Município. O ato coator foi do Diretor do Departamento Estadual de Trânsito. O Juízo de 1º grau denegou a segurança. A sentença foi mantida pelo Tribunal de Justiça. Daí se seguiu a interposição de recurso extraordinário que não foi conhecido.

A análise jurídica cingiu-se à relação entre autonomia municipal – a competência do Município de Curitiba para disciplinar e fiscalizar a atividade permissionária de táxis – e a competência fixada no inciso IV do art. 5º da Lei Complementar nº 14/73,[346] que estipulava ser interesse metropolitano a matéria relativa a transporte e sistema viário. A solução encontrada foi de que preponderava a autonomia municipal, enquanto não houvesse regulamentação sobre essa questão metropolitana.

Em 1983, o STF julgou o Recurso Extraordinário nº 98.588-3, cujo objeto também era a discussão sobre a incidência do inciso IV do art. 5º da Lei Complementar nº 14/73. Tratava-se de mandado de segurança impetrado pelo Município de Niterói contra ato do diretor do Departamento de Trânsito do Estado do Rio de Janeiro, que tinha determinado a inversão de sentido de mão de direção de logradouro no Centro do Município de Niterói. Naquela oportunidade, o STF, a despeito da previsão legal, reputou que a disciplina de trânsito local seria matéria tipicamente municipal e que a instituição de Regiões Metropolitanas não poderia restringir a autonomia local. Além disso, assinalou que trânsito local é distinto das categorias de transportes e sistema viário.

---

[346] "Art. 5º – Reputam-se de interesse metropolitano os seguintes serviços comuns aos Municípios que integram a região: I – planejamento integrado do desenvolvimento econômico e social; II – saneamento básico, notadamente abastecimento de água e rede de esgotos e serviço de limpeza pública; III – uso do solo metropolitano; IV – transportes e sistema viário, V – produção e distribuição de gás combustível canalizado; VI – aproveitamento dos recursos hídricos e controle da poluição ambiental, na forma que dispuser a lei federal; VII – outros serviços incluídos na área de competência do Conselho Deliberativo por lei federal".

Esses dois casos ilustram como o STF desde sempre prestigiou a autonomia municipal. Por outro lado, evidenciam o grau precário de institucionalização das Regiões Metropolitanas e, de certa maneira, um modo de funcionamento estadualizado, colocando os Municípios à margem do processo decisório. E, por fim, demonstram que a simples atribuição de competência ao Município não soluciona os impasses administrativos, na medida em que serviços de táxi e sistema viário – denominado pelo STF de trânsito local – são questões que desbordam dos limites territoriais de um Município em uma Região Metropolitana, porquanto são funções públicas de interesse comum. Esses casos apenas evidenciam a importância de institucionalização das Regiões Metropolitanas, iniciando-se pela previsão em lei das funções públicas de interesse comum, acompanhada com a devida motivação administrativa que se situa no âmbito da discricionariedade técnica.

Em seguida, será examinada a formação e sustentabilidade dos consórcios públicos de saúde, uma vez que o SUS é uma função pública de interesse comum, cuja viabilização depende da construção de uma série de arranjos e pactos administrativos.

4.2 Formação e sustentabilidade dos consórcios públicos de saúde

A Constituição Federal de 1988 adotou princípios estruturantes do Sistema Único de Saúde (art. 198) que conformam a sua implementação, dos quais, adquire relevo para fins desta investigação, o princípio da descentralização, com direção única em cada esfera de governo. No contexto de ser a saúde matéria de competência constitucional comum, o legislador infraconstitucional instituiu a municipalização dos serviços de saúde (art. 17, inciso I da Lei nº 8.080/90),[347] o que indica ser a competência executiva de prestação de serviços de saúde de titularidade do Município.[348]

---

[347] "Art. 17. À direção estadual do Sistema Único de Saúde (SUS) compete: I – promover a descentralização para os Municípios dos serviços e das ações de saúde (...)".

[348] DALLARI, Sueli Gandolfi. *Direito sanitário*. São Paulo: Editora Verbatim, 2010. p. 86-87.

O princípio da descentralização é estruturante do SUS – Sistema Único Saúde porque as ações e prestações de serviços de saúde são integradas em uma rede de serviço público mantida por União, Estados e Municípios. Os serviços públicos de saúde dependem de uma intensa relação entre os entes da Federação na construção de uma rede de atendimento em que, muitas vezes, é difícil perceber onde começa e termina a atribuição de um ente federativo, em razão do elevado grau de interdependência e entrelaçamento das competências constitucionais.[349] Essa complexidade institucional é o "calcanhar de Aquiles" do SUS, pois é incapaz de induzir uma gestão eficiente dos recursos, uma vez que:

> A ideia de hierarquização do sistema de saúde é a de prover, no âmbito municipal, todo o atendimento de atenção básica e preventiva, aí incluídos procedimentos ambulatoriais e internações hospitalares menos complexas. À medida que a sofisticação do atendimento vai incorporando economias de escala e complexidade técnica, o sistema hierarquizado deve preocupar-se em encaminhar o paciente para instituições de referência, que podem estar localizadas em outro município ou, até mesmo, em outro estado.
> Historicamente, tem havido entraves à consolidação desse sistema. A Constituição Federal estabelece como entes federativos apenas a União, os estados e os municípios. Por isso, ainda que haja a previsão de formação de consórcios entre os entes, não há a possibilidade de se criar outros entes federativos autônomos, como, por exemplo, os distritos educacionais e de saúde nos Estados Unidos, que se sobreponham à divisão territorial de estados e municípios e possam receber transferências federais.
> Por isso, a montagem de um sistema de saúde hierarquizado tem que ser feita mediante transferências financeiras a estados e municípios, exigindo comportamento cooperativo desses entes no financiamento do sistema. Por exemplo, um município mais desenvolvido e com um sistema hospitalar mais sofisticado tem que aceitar pacientes vindos de outras cidades, e tem que confiar que será ressarcido pelos custos desse atendimento.[350]

Desse modo, a prestação de serviços de saúde de média e alta complexidade demanda a atuação concertada dos entes da

---

[349] SANTOS, Lenir; ANDRADE, Luiz Odorico Monteiro de. Redes interfederativas de saúde: um desafio para o SUS nos seus vinte anos. *Ciência & Saúde Coletiva*, v. 16, n. 3, p. 1673, 2011.

[350] MENDES, Marcos; MIRANDA, Rogério Boueri; COSIO, Fernando Blanco. *Transferências intergovernamentais no Brasil*: diagnóstico e proposta de reforma. Brasília: Consultoria Legislativa do Senado Federal; Coordenação de Estudos, abr. 2008. (Textos para discussão, 40). p. 66-67.

Federação, uma vez que é indispensável ter o ganho de escala em razão dos altos custos.

Por esse motivo, nas últimas décadas, tem-se formado vários consórcios municipais para a prestação de serviços de saúde,[351] tanto que a Lei nº 8.080/90 já tinha previsão para os consórcios administrativos intermunicipais.[352] E, mais recentemente, a Lei Complementar nº 141/2012 estipulou a possibilidade de que os Estados e Municípios, quando estabelecerem formas associativas, remanejem recursos dos Fundos de Saúde para a execução conjunta de ações e serviços de saúde.[353]

Os consórcios públicos podem ter natureza jurídica de direito privado ou de direito público, de acordo com o §1º do art. 1º da Lei nº 11.107/2005. Os consórcios de direito público são denominados associações públicas que integram a administração indireta de todos os entes federativos consorciados,[354] isto é, um consórcio celebrado

---

[351] Conferir LIMA, Ana Paula Gil de. Os Consórcios Intermunicipais de Saúde e o Sistema Único de Saúde. *Cad. Saúde Pública*, Rio de Janeiro, v. 16, n. 4, p. 985-986, out./dez. 2000; PROJETO CONEXÃO LOCAL. *Consórcio Intermunicipal de Saúde do Alto do São Francisco.* Relatório Final. Luz, MG: Fundação Getúlio Vargas; Escola de Administração de Empresas de São Paulo, 2010.

[352] "Art. 10. Os municípios poderão constituir consórcios para desenvolver em conjunto as ações e os serviços de saúde que lhes correspondam. §1º Aplica-se aos consórcios administrativos intermunicipais o princípio da direção única, e os respectivos atos constitutivos disporão sobre sua observância. §2º No nível municipal, o Sistema Único de Saúde (SUS), poderá organizar-se em distritos de forma a integrar e articular recursos, técnicas e práticas voltadas para a cobertura total das ações de saúde".

[353] "Art. 21. Os Estados e os Municípios que estabelecerem consórcios ou outras formas legais de cooperativismo, para a execução conjunta de ações e serviços de saúde e cumprimento da diretriz constitucional de regionalização e hierarquização da rede de serviços, poderão remanejar entre si parcelas dos recursos dos Fundos de Saúde derivadas tanto de receitas próprias como de transferências obrigatórias, que serão administradas segundo modalidade gerencial pactuada pelos entes envolvidos. Parágrafo único. A modalidade gerencial referida no *caput* deverá estar em consonância com os preceitos do Direito Administrativo Público, com os princípios inscritos na Lei nº 8.080, de 19 de setembro de 1990, na Lei nº 8.142, de 28 de dezembro de 1990, e na Lei nº 11.107, de 6 de abril de 2005, e com as normas do SUS pactuadas na comissão intergestores tripartite e aprovadas pelo Conselho Nacional de Saúde".

[354] "Art. 6º O consórcio público adquirirá personalidade jurídica: I – de direito público, no caso de constituir associação pública, mediante a vigência das leis de ratificação do protocolo de intenções; II – de direito privado, mediante o atendimento dos requisitos da legislação civil. §1º O consórcio público com personalidade jurídica de direito público integra a administração indireta de todos os entes da Federação consorciados. §2º No caso de se revestir de personalidade jurídica de direito privado, o consórcio público observará as normas de direito público no que concerne à realização de licitação, celebração de contratos, prestação de contas e admissão de pessoal, que será regido pela Consolidação das Leis do Trabalho – CLT".

entre os municípios A, B e C e o Estado Y integra a administração indireta de todos estes entes federativos, o que é ainda fonte de perplexidade na doutrina.[355] E ainda essas associações públicas têm natureza jurídica de autarquia.[356]

A Lei nº 11.107/2005 estabelece um complexo processo de criação dos consórcios públicos de natureza de direito público e, simultaneamente, estipula que as obrigações financeiras entre o consórcio público e os entes consorciados serão fixadas por meio de contrato de rateio,[357] cujas dotações financeiras devem corresponder ao exercício financeiro, salvo nos casos de projetos e programas incluídos no Plano Plurianual ou de gestão associada de serviços públicos custeados por tarifas e preços públicos. Também é fixado que tanto o consórcio quanto os outros entes consorciados têm legitimidade para, isoladamente ou em conjunto, exigirem o cumprimento das obrigações financeiras.

Se os mecanismos legais para a criação dos consórcios públicos ou outras formas associativas estão disponíveis e são fartamente conhecidos, a questão do incentivo à celebração e

---

[355] DIAS, Maria Tereza Fonseca. Consórcios públicos e organização administrativa, em face da Constituição da República de 1988. In: PIRES, Maria Coeli Simões; BARBOSA, Maria Elisa Braz (Coord.). *Consórcios públicos*: instrumento do federalismo cooperativo. Belo Horizonte: Editora Fórum, 2008. p. 87-124.

[356] Conferir DI PIETRO, Maria Sylvia Zanella. O consórcio público na Lei nº 11.107, de 6.4.2005. *Revista Eletrônica sobre a Reforma do Estado*, Salvador, n. 6, jun./jul./ago. 2006; HARGER, Marcelo. Consórcios públicos. In: DALLARI, Adilson Abreu; NASCIMENTO, Carlos Valder; MARTINS, Ives Gandra da Silva (Coord.). *Tratado de direito administrativo*. São Paulo: Saraiva, 2013. v. 2, p. 96-116.

[357] "Art. 8º Os entes consorciados somente entregarão recursos ao consórcio público mediante contrato de rateio. §1º O contrato de rateio será formalizado em cada exercício financeiro e seu prazo de vigência não será superior ao das dotações que o suportam, com exceção dos contratos que tenham por objeto exclusivamente projetos consistentes em programas e ações contemplados em plano plurianual ou a gestão associada de serviços públicos custeados por tarifas ou outros preços públicos. §2º É vedada a aplicação dos recursos entregues por meio de contrato de rateio para o atendimento de despesas genéricas, inclusive transferências ou operações de crédito. §3º Os entes consorciados, isolados ou em conjunto, bem como o consórcio público, são partes legítimas para exigir o cumprimento das obrigações previstas no contrato de rateio. §4º Com o objetivo de permitir o atendimento dos dispositivos da Lei Complementar nº 101, de 4 de maio de 2000, o consórcio público deve fornecer as informações necessárias para que sejam consolidadas, nas contas dos entes consorciados, todas as despesas realizadas com os recursos entregues em virtude de contrato de rateio, de forma que possam ser contabilizadas nas contas de cada ente da Federação na conformidade dos elementos econômicos e das atividades ou projetos atendidos. §5º Poderá ser excluído do consórcio público, após prévia suspensão, o ente consorciado que não consignar, em sua lei orçamentária ou em créditos adicionais, as dotações suficientes para suportar as despesas assumidas por meio de contrato de rateio".

manutenção desses acordos associativos ao longo do tempo se revela mais problemática, uma vez que há a necessidade de se criar mecanismos para vincular juridicamente o cumprimento das obrigações financeiras de todos os entes federativos integrantes dos consórcios ou outras formas associativas.

Assim, é necessário tornar exigível a obrigação fixada no contrato de rateio, caso contrário se assemelhará a um convênio de repasse de recursos financeiros. Uma medida seria a exclusão do ente federativo que estivesse inadimplente do consórcio ou de outra modalidade associativa. Todavia, no caso da prestação de serviços de saúde, essa sanção é ineficaz porque a exclusão do ente federativo inadimplente não significa que os custos reduziram, uma vez que o SUS não admite a negativa de acesso aos serviços de saúde aos cidadãos do ente federativo inadimplente. É o problema econômico do *free-rider* (carona), ou seja, de quem se beneficia sem custos.[358] Teixeira apresenta as seguintes alternativas a esse problema:

> Uma abordagem mais cuidadosa revelou que a União ou os estados podem atingir o objetivo de estimular a formação e manutenção de consórcios sem custos financeiros, assumindo um novo papel, mais direto e ao mesmo tempo menos oneroso do que aquele de provedor de incentivos financeiros. De fato, o governo pode assegurar a manutenção do consórcio se, assumindo seu papel de regulador do federalismo, puder garantir que nenhum membro do consórcio se torne inadimplente. Há um mecanismo simples para induzir esse comportamento dos municípios. Trata-se de assegurar o repasse de recursos diretamente ao consórcio. A assinatura de um contrato entre municípios consorciados e o governo federal poderia estabelecer que, em caso de inadimplência de um município, a quota a ser paga seria descontada das transferências federais (FPM, por exemplo) que tal município teria a receber e repassada diretamente ao consórcio.
> Estabelecido tal mecanismo (que, como será visto na seção VII, não está previsto na legislação brasileira), cada município saberá que, se o consórcio for formado, sua manutenção estará garantida. Assim, o efeito *free rider* estará resolvido a priori e os ganhos oriundos do consorciamento serão suficientes para garantir a formação da associação.
> Outra opção de compromisso entre os municípios diz respeito à participação do governo estadual no processo de consorciamento.

---

[358] TEIXEIRA, Luciana da Silva. Consórcios intermunicipais: instrumento para aumentar eficiência do gasto público. In: MENDES, Marcos (Org.). *Gasto público eficiente*: 91 propostas para o desenvolvimento do Brasil. Rio de Janeiro: Topbooks, 2006. p. 255-256.

No caso da saúde, trata-se de ampliar a ênfase na regionalização e fortalecer as responsabilidades das secretarias estaduais de saúde, passando a regulação dos consórcios a ser parte integrante do Plano de Regionalização do Estado.

Da mesma forma que a proposta de regionalização sugere a realização de "contratos de gestão" entre Estados e União, poderiam ser estabelecidos também contratos ou cláusulas entre o estado e municípios, os quais visassem ao cumprimento de acordos de consorciamento firmados entre os participantes. As penalidades aplicadas a municípios que não transferissem suas quotas ao consórcio poderiam, então, incluir o impedimento de se candidatarem à condição de Gestão Plena do Sistema Municipal (GSPM) e de pleitearem incrementos de seus tetos financeiros.[359]

Desse modo, são apresentados basicamente dois mecanismos – um de controle e um de incentivo –, o que aponta para uma estrutura de governança híbrida que incorpora mecanismos da governança hierárquica e da governança de mercado.[360]

O primeiro mecanismo com natureza de controle seria o não repasse pela União de valores do FPM do município inadimplente diretamente ao consórcio. De acordo com a autora, esse mecanismo dependeria de modificação constitucional. Nesse ponto, registre-se que a sustentabilidade financeira dos consórcios públicos está vinculada ao regime jurídico constitucional de relacionamento fiscal entre os entes da federação, no qual tem relevância o disposto no art. 160 da Constituição Federal. *In litteris*:

> Art. 160. É vedada a retenção ou qualquer restrição à entrega e ao emprego dos recursos atribuídos, nesta seção, aos Estados, ao Distrito Federal e aos Municípios, neles compreendidos adicionais e acréscimos relativos a impostos.
> Parágrafo único. A vedação prevista neste artigo não impede a União e os Estados de condicionarem a entrega de recursos: (Redação dada pela Emenda Constitucional nº 29, de 2000)
> I – ao pagamento de seus créditos, inclusive de suas autarquias; (Incluído pela Emenda Constitucional nº 29, de 2000)
> II – ao cumprimento do disposto no art. 198, §2º, incisos II e III. (Incluído pela Emenda Constitucional nº 29, de 2000)

---

[359] TEIXEIRA, Luciana da Silva. Consórcios intermunicipais: instrumento para aumentar eficiência do gasto público. In: MENDES, Marcos (Org.). *Gasto público eficiente*: 91 propostas para o desenvolvimento do Brasil. Rio de Janeiro: Topbooks, 2006. p. 257-259.

[360] FIANI, Ronaldo. *Cooperação e conflito*: instituições e desenvolvimento econômico. Rio de Janeiro: Elsevier, 2011. E-book.

O dispositivo introduz a regra geral: a vedação de retenção ou qualquer restrição de repasse das transferências obrigatórias. A exceção é para: (a) o pagamento de créditos da União e de suas autarquias para com Estados e Municípios; (b) o pagamento de créditos dos Estados e de suas autarquias para com os Municípios e; (c) o cumprimento dos percentuais obrigatórios para a prestação de serviços de saúde (art. 198, §2º, incisos II e III).

Registre-se que a Constituição Federal não menciona compensação de créditos, mas retenção, até que os entes federativos efetuem o pagamento de seus débitos ou efetivem a aplicação dos recursos em ações e serviços públicos de saúde.[361] E os créditos de consórcios públicos intermunicipais em que o Estado ou a União figurem como partes? Caso seja adotada a forma autárquica de associação pública, incidem as regras do art. 160 da CF. O papel da União ou do Estado nessas associações públicas seria de "fiador" do cumprimento das obrigações fixadas em contrato de rateio.

O outro mecanismo é de natureza de incentivo. É a atuação de Estados-membros e da União como agentes reguladores, o que significa a instituição de benefícios para os Municípios que cumprirem os contratos celebrados para a criação dos consórcios públicos. Veja-se o seguinte exemplo em que o Ministério da Saúde habilita à gestão plena os Municípios que preencherem determinados requisitos (NOAS nº 01/2002, aprovada pela Portaria 373/2002 do Ministério da Saúde). A gestão plena implica um regime jurídico mais favorável aos Municípios. Daí a ideia de induzir a regionalização, isto é, a formação e manutenção de consórcios como um dos requisitos para a habilitação à gestão plena. Esse mecanismo é o da regulação como indutor de celebração e manutenção de consórcios.

Por fim, merece destaque também a forma de distribuição de benefícios e custos no contrato de rateio entre os entes formadores dos consórcios públicos de saúde. Tem-se constatado que os contratos de rateio têm sido modelados pela lógica do "paga

---

[361] FIORENTINO, Luiz Carlos Fróes del. *As transferências intergovernamentais no federalismo fiscal brasileiro*. 2010. 241 f. Dissertação (Mestrado em Direito Econômico e Financeiro) – Faculdade de Direito, Universidade de São Paulo, São Paulo, 2010. p. 214.

pelo que se consome".[362] Por exemplo os recursos financeiros do ente consorciado são repassados a um consórcio público de acordo com o número de cirurgias ou consultas realizadas. A razão é simples: os agentes políticos têm resistência em depositar recursos financeiros em atividades que possam beneficiar indivíduos de outro ente federativo. Essa lógica de mercado tem a vantagem de facilitar a disponibilidade de recursos financeiros pelos agentes políticos, pois o indivíduo sabe que o seu tratamento foi custeado pelo seu Município.

Entretanto, apresenta também desvantagem, uma vez que nem todo benefício resultante da ação de um consórcio público pode ser mensurado, dividido e individualizado. É o que a literatura econômica nomeia de bens coletivos.[363] Desse modo, a disponibilidade de recursos financeiros para atividades e ações que almejem bens coletivos que extravasam o âmbito territorial do ente federativo representa ainda um dilema a ser equacionado,[364] uma vez que, por exemplo, medidas de vigilância ambiental em saúde são mais complexas e constituem um bem coletivo, como o caso do combate à dengue, zika e chikungunya. O Plano de Desenvolvimento Urbano Integrado também se enquadra nessa categoria de bem coletivo.

4.3 Plano de Desenvolvimento Urbano Integrado

Conforme já assinalado anteriormente, o Projeto de Lei de autoria de Feldman que se converteu no Estatuto das Metrópoles tinha como tônica a elaboração de um sistema de ordenamento territorial, no qual estariam integrados os planos nacionais e regionais. Nesse sentido,

---

[362] MACHADO, José Ângelo; ANDRADE, Marta Leone Costa. Cooperação intergovernamental, consórcios públicos e sistemas de distribuição de custos e benefícios. *Revista de Administração Pública*, Rio de Janeiro, v. 48, n. 3, p. 695-720, maio/jun. 2014.

[363] FIANI, Ronaldo. *Cooperação e conflito*: instituições e desenvolvimento econômico. Rio de Janeiro: Elsevier, 2011. E-book.

[364] MACHADO, José Ângelo; ANDRADE, Marta Leone Costa. Cooperação intergovernamental, consórcios públicos e sistemas de distribuição de custos e benefícios. *Revista de Administração Pública*, Rio de Janeiro, v. 48, n. 3, p. 715, maio/jun. 2014.

os arts. 10-11 do projeto original ilustram esse aspecto ao prever os planos nacional, regionais e setoriais, planos de Regiões Integradas de Desenvolvimento – RIDES, planos metropolitanos e municipais.[365] Infelizmente, essa dimensão se perdeu, o que tem impacto na compreensão do Plano de Desenvolvimento Urbano Integrado previsto no Estatuto das Metrópoles, na medida em que, como já observava Alves ainda sob a regência da Lei Complementar nº 14/1973 e da Constituição anterior, o plano metropolitano delineia "as grandes diretrizes que deverão orientar e coordenar a ordenação urbanística do território, já contidas de modo implícito ou explícito, no plano nacional de desenvolvimento".[366]

Em virtude de a Lei Complementar nº 14/1973 usar a terminologia "plano integrado do desenvolvimento econômico e social" (inciso I do art. 5º), havia a dúvida se se tratava de um plano urbanístico, o que é tido como incontroverso por Afonso da Silva,[367] com base inclusive no inciso II do art. 4º do Estatuto da Cidade.[368]

O Estatuto das Metrópoles previu e disciplinou nos arts. 10-12 o Plano de Desenvolvimento Urbano Integrado para as Regiões Metropolitanas. É o único instrumento com previsão no Estatuto das Metrópoles que dispõe de disciplina. Assim, a relevância de seu estudo é enorme, pois, além de ser uma função pública de interesse comum, é o instrumento de planejamento e coordenação das demais funções públicas de interesse comum e de ordenação do

---

[365] "Art. 10 – As ações decorrentes da Política Nacional de Planejamento Regional Urbano serão executadas, entre outros, por meio dos seguintes instrumentos: I – planos nacional, regionais e setoriais urbanos de ordenação do território e de desenvolvimento econômico e social; II – planos de regiões integradas de desenvolvimento (Rides) nas formas de Rides – regiões metropolitanas, Rides – aglomerações urbanas e Rides – microrregiões; III – planos de regiões metropolitanas, aglomerações urbanas e microrregiões; e IV – planos municipais. §1º – Aplicam-se, no que couber, ao disposto no "caput" deste artigo os instrumentos da política urbana, estabelecidos no art. 4º da Lei nº 10.257, de 2001 – Estatuto da Cidade. §2º – Os instrumentos mencionados neste artigo regem-se pela legislação que lhes é própria, observado o disposto nesta Lei. Art. 11 – Os planos referidos nos incisos I, II, III e IV do art. 10 são considerados instrumentos urbanísticos, que, no conjunto de seus elementos, objetivam fundamentar e orientar a elaboração e a implementação da Política Nacional de Planejamento Regional Urbano".

[366] ALVES, Alaôr Caffé. *Planejamento metropolitano e autonomia municipal no direito brasileiro*. São Paulo: Bushatsky; Emplasa, 1981. p. 190.

[367] SILVA, José Afonso da. *Direito urbanístico brasileiro*. 5. ed. São Paulo: Editora Malheiros, 2008. p. 163.

[368] "Art. 4º Para os fins desta Lei, serão utilizados, entre outros instrumentos: (…) II – planejamento das regiões metropolitanas, aglomerações urbanas e microrregiões (…)".

território, consoante se depreende do conteúdo desse instrumento de planejamento:

Art. 12. O plano de desenvolvimento urbano integrado de região metropolitana ou de aglomeração urbana deverá considerar o conjunto de Municípios que compõem a unidade territorial urbana e abranger áreas urbanas e rurais.

§1º O plano previsto no *caput* deste artigo deverá contemplar, no mínimo:

I – as diretrizes para as funções públicas de interesse comum, incluindo projetos estratégicos e ações prioritárias para investimentos;

II – o macrozoneamento da unidade territorial urbana;

III – as diretrizes quanto à articulação dos Municípios no parcelamento, uso e ocupação no solo urbano;

IV – as diretrizes quanto à articulação intersetorial das políticas públicas afetas à unidade territorial urbana;

V – a delimitação das áreas com restrições à urbanização visando à proteção do patrimônio ambiental ou cultural, bem como das áreas sujeitas a controle especial pelo risco de desastres naturais, se existirem; e

VI – o sistema de acompanhamento e controle de suas disposições.

VII – as diretrizes mínimas para implementação de efetiva política pública de regularização fundiária urbana, nos termos da Lei nº 13.465, de 11 de julho de 2017.

§2º No processo de elaboração do plano previsto no *caput* deste artigo e na fiscalização de sua aplicação, serão assegurados:

I – a promoção de audiências públicas com a participação de representantes da sociedade civil e da população, em todos os Municípios integrantes da unidade territorial urbana;

II – a publicidade quanto aos documentos e informações produzidos; e

III – o acompanhamento pelo Ministério Público.

§3º As audiências públicas a que se referem o inciso I do §2º serão precedidas de ampla divulgação em todos os Municípios integrantes da unidade territorial urbana.

§4º A realização de audiências públicas ocorrerá segundo os critérios estabelecidos pela instância colegiada deliberativa a que se refere o art. 8º, respeitadas as disposições desta Lei e das leis complementares que instituírem as unidades territoriais.

Portanto, o Plano de Desenvolvimento Urbano Integrado é um plano urbanístico com características especiais, porquanto serve de liame entre as diretrizes nacionais de ordenamento territorial e os planos diretores municipais.[369] A ausência de uma sistemática

---

[369] ALVES, Alaôr Caffé. *Planejamento metropolitano e autonomia municipal no direito brasileiro.* São Paulo: Bushatsky; Emplasa, 1981. p. 187.

de ordenamento territorial compromete essa função do Plano de Desenvolvimento Urbano Integrado.

Ademais, a natureza jurídica de plano urbanístico do Plano de Desenvolvimento Urbano Integrado impacta o seu regime jurídico, na medida em que a relação entre o próprio direito de construir e a norma de planejamento urbano é indissociável juridicamente.[370] É incontroverso que o Plano Diretor Municipal tem eficácia plurisubjetiva,[371] pois vincula tanto a Administração quanto os particulares, na dicção do art. 182 da Constituição Federal, uma vez que a propriedade cumpre a sua função social quando atendidas as exigências do plano diretor. Daí inequívoca relação entre plano diretor e direito de propriedade. No que concerne ao Plano de Desenvolvimento Urbano Integrado, a relação com o direito de propriedade existe, porém é mais complexa, conforme expõe Alves:

> Se se observa o conteúdo do plano metropolitano, cujos aspectos básicos já foram por nós indicados, e deixando à margem as determinações e diretrizes dirigidas diretamente à Administração, chega-se à conclusão de que algumas de suas medidas afetam diretamente o exercício do direito de propriedade imobiliária, especialmente quanto à definição de áreas prioritariamente destinadas a determinados usos e atividades e à delimitação de áreas a serem submetidas a certas limitações por razões de interesse público. Assim, a propriedade privada do solo fica, como resultado de tais decisões e vinculações, afetada e limitada.
>
> Nesse sentido, o plano metropolitano pode atuar como um instrumento de intervenção direita sobre o solo, ainda que, em alguns casos, seu efeito vinculante possa ser negativo ou excludente, proibindo usos e atividades contrários às próprias prescrições do plano; por exemplo, a proibição de urbanização futura e de edificação, considerando certos índices e parâmetros urbanísticos. Neste caso, o plano, por consequência de suas próprias determinações, atua limitando negativamente os direitos privados, sem outorgar direitos subjetivos concretos. Obviamente, para a consecução desses efeitos, o plano deverá ter uma expressão legal suficientemente precisa, tendo em vista circunscrever

---

[370] FURQUIM, Cláudia. *O direito de construir na perspectiva urbanístico-constitucional.* Belo Horizonte: Editora Del Rey, 2013. p. 99-103.

[371] CORREIA, Fernando Alves. *O plano urbanístico e o princípio da igualdade.* Coimbra: Livraria Almedina, 1989. p. 216-217.

situações jurídicas inequívocas. Essa postulação, entretanto, não elimina a necessidade de mobilização de instrumentos paralelos e auxiliares, de caráter jurídico, com o objetivo de se obter maior eficácia na implementação de diretrizes e objetivos.[372]

Assim, além de possuir uma eficácia imediata em relação aos particulares em algumas hipóteses, o Plano de Desenvolvimento Urbano Integrado gera o dever de o Município alterar o seu Plano Diretor a fim de compatibilizá-lo (art. 10, §3º do Estatuto das Metrópoles),[373] uma vez que a atividade de ordenação urbana é conformada pela atividade de ordenamento territorial.[374] Essa obrigação do Município de alterar o Plano Diretor Municipal emerge em razão da superveniência de um plano urbanístico, o que é próprio da dinâmica dos planos urbanísticos em virtude das modificações fáticas e jurídicas.[375]

Nesse ponto, é importante distinguir alteração e revisão de plano urbanístico, o que passa necessariamente pela compreensão da premissa de que os planos urbanísticos são normas jurídicas que se constituem em um esquema fim-meio e não se-então, na medida em que se destinam a operar transformações no tecido urbano, isto é, são vocacionadas para o futuro e se realizam em um espaço de tempo. Por essa razão, a atividade planificadora é caracterizada como atividade criadora.[376]

Dessa maneira, é inerente aos planos urbanísticos que se realize um diagnóstico, desenhe-se um prognóstico e se estabeleçam estratégias para se atingir o resultado esperado. Identificam-se três elementos que constituem o juízo de prognose: a base da prognose,

---

[372] ALVES, Alaôr Caffé. *Planejamento metropolitano e autonomia municipal no direito brasileiro.* São Paulo: Bushatsky; Emplasa, 1981. p. 215-216.

[373] Conferir SILVA, Mário Tavares. *A nulidade do plano urbanístico*: contributo para a compreensão das relações de compatibilidade e conformidade à luz de um novo princípio da legalidade. Coimbra: Editora Almedina, 2013.

[374] SUNDFELD, Carlos Ari. O Estatuto da Cidade e suas Diretrizes Gerais. In: DALLARI, Adilson Abreu; FERRAZ, Sergio (Coord.). *Estatuto da Cidade*: comentários à Lei Federal nº 10.257/2001. 1. ed., 2. tir. São Paulo: Malheiros Editores, 2003. p. 50.

[375] MIRANDA, João. *A dinâmica jurídica do planeamento territorial*: a alteração, a revisão e a suspensão dos planos. Coimbra Editora, 2002. p. 219-220.

[376] SOUSA, Antônio Francisco de. *"Conceitos indeterminados" no direito administrativo.* Coimbra: Livraria Almedina, 1994. p.131

o método da prognose e o resultado da prognose, os quais podem ser entendidos do seguinte modo:

a) da base da prognose fazem parte factos, dados, variantes ocasionais, princípios de experiência, graus de probabilidade, etc. Todos estes factores podem ser determinados objetivamente.

b) do método prognóstico fazem parte, nomeadamente, os procedimentos de prognose, como também os métodos prescritos e processos de natureza científica que trabalham com a análise do tempo e modelos económicos assentes na extrapolação de processos escolásticos. Do método prognóstico fazem ainda parte a plausibilidade e a racionalidade;

c) o resultado da prognose contém o juízo futuro em sentido estrito, o qual é feito sobre a base da prognose, servindo-se dos métodos e critérios.[377]

É a existência desse juízo de prognose que transforma a norma de planejamento em um esquema fim-meio, pois, no plano urbanístico, são traçadas as finalidades a serem perseguidas mediante a utilização de determinados mecanismos em um determinado lapso temporal.[378] Como a realização do plano urbanístico acontece no espaço territorial e no tempo, as alterações constantes no plano urbanístico podem ter efeitos destrutivos porque distorcem a racionalidade sob o qual está apoiado, descaracterizando o planejamento original.[379] Não é o caso da exigência de compatibilização dos Planos Diretores Municipais com o Plano Metropolitano, uma vez que a alteração se justifica em virtude de um macroplanejamento metropolitano.

E ao lado do instituto da alteração dos planos urbanísticos, há o instituto da revisão dos planos urbanísticos, sendo uma obrigação que se proceda à revisão do Plano de Desenvolvimento Urbano Integrado no prazo de dez anos (art. 11 do Estatuto das Metrópoles).[380] A revisão do Plano de Desenvolvimento Urbano

---

[377] *Ibid.*, p. 117.

[378] LONGO FILHO, Fernando José. Uma análise jurídica da proteção do Conjunto Urbanístico de Brasília à luz do instituto do Plano Urbanístico. In: FERNANDES, Edésio; ALFONSIN, Betânia (Coord.). *Revisitando o instituto do tombamento.* Belo Horizonte: Editora Fórum, 2010. p. 327.

[379] MIRANDA, João. *A dinâmica jurídica do planeamento territorial*: a alteração, a revisão e a suspensão dos planos. Coimbra Editora, 2002. p. 219-220.

[380] "Art. 11. A lei estadual que instituir o plano de desenvolvimento urbano integrado de região metropolitana ou de aglomeração urbana deverá ser revista, pelo menos, a cada 10 (dez) anos".

Integrado significa uma "reapreciação dos próprios critérios fundamentais de classificação e de qualificação adotados no plano em vigor. Tal reanálise dos fundamentos capitais do plano em vigor conduz-nos como regra geral, à adoção de um modelo de planejamento novo".[381]

E não apenas a revisão do Plano de Desenvolvimento Urbano Integrado é obrigatória, assim como a própria aprovação do primeiro plano, tanto que caracterizava improbidade administrativa do Governador e dos agentes públicos que se omitissem no dever de aprovação do Plano de Desenvolvimento Urbano Integrado.[382] Até então, a aprovação do plano metropolitano era compreendida como mera faculdade da Administração Pública.[383]

Sobre a obrigatoriedade do Plano de Desenvolvimento Urbano Integrado, destaque-se a existência da ADIN nº 5857, na qual se pede a declaração de inconstitucionalidade dos arts. 10 e 21 do Estatuto das Metrópoles[384] sob o argumento de que a norma federal instituiu dever de aprovação do plano metropolitano, tendo inclusive estabelecido o procedimento a ser adotado e cominado sanções por improbidade administrativa em razão da não aprovação no prazo legal estabelecido pelo Estatuto das Metrópoles, o que violaria o pacto federativo e, em especial, o §3º do art. 25 da CF, porquanto a criação de Regiões Metropolitanas seria apenas uma faculdade dos Estados e não uma obrigação.

Não se vislumbra a alegada inconstitucionalidade porque a criação de Regiões Metropolitanas continua a ser uma faculdade dos Estados, porém submetida à observância de critérios federais e, uma vez criada, a obrigatoriedade de elaboração do plano metropolitano está inserida no regime jurídico fixado pela União, que tem competência para elaborar normas gerais sobre direito urbanístico.

---

[381] ALOCHIO, Luiz Henrique Antunes. *Plano Diretor Urbano e Estatuto da Cidade*: medidas cautelares e moratórias urbanísticas. Belo Horizonte: Editora Fórum, 2010. p. 133.

[382] A Medida Provisória nº 818/2018 modificou a redação do art. 21 do Estatuto das Metrópoles para dilatar os prazos para a aprovação do Plano de Desenvolvimento Urbano Integrado. A Lei nº 13.683/2018 revogou o art. 21 do Estatuto das Metrópoles.

[383] ALVES, Alaôr Caffé. *Planejamento metropolitano e autonomia municipal no direito brasileiro*. São Paulo: Bushatsky; Emplasa, 1981. p. 195.

[384] A análise da constitucionalidade do art. 21 do Estatuto das Metrópoles encontra-se prejudicada, pois o dispositivo foi revogado pela Lei nº 13.683/2018.

Poderia ainda se argumentar que a exigência pelo Estatuto de Metrópoles de elaboração de um Plano de Desenvolvimento Urbano Integrado teria extrapolado o conceito de normas gerais, porquanto teria fixado uma obrigação específica para o Estado. Entretanto, é importante compreender a obrigatoriedade do plano metropolitano à luz do próprio conceito de plano urbanístico, o qual tem como um de seus princípios norteadores o do desenvolvimento urbanístico conforme o plano que tem como implicação a proibição de que o desenvolvimento urbanístico seja deixado ao "crescimento natural", o que impõe, como consectário lógico, a obrigatoriedade de elaboração dos planos urbanísticos.[385]

Além da obrigatoriedade do plano metropolitano, os municípios integrantes de uma Região Metropolitana ou Aglomeração Urbana estão obrigados também a elaborar seus Planos Diretores, independentemente do número de habitantes, conforme dispõe o inciso II do art. 41 do Estatuto da Cidade.

O Estatuto das Metrópoles estipulava que o Plano de Desenvolvimento Urbano Integrado fosse aprovado por lei complementar estadual, o que se concluía mediante interpretação sistemática, uma vez que o art. 21 do Estatuto das Metrópoles, na sua redação original, exigia lei complementar para aprovação do Plano de Desenvolvimento Urbano Integrado. Entretanto, o art. 21 do Estatuto das Metrópoles foi revogado pela Lei nº 13.683/2018, remanescendo apenas a exigência de aprovação do Plano de Desenvolvimento Urbano por meio de lei estadual (art. 10 do Estatuto das Metrópoles). Trata-se de matéria de reserva legal.[386] Todavia, Araújo Júnior admitia, antes do Estatuto das Metrópoles, que a aprovação fosse por outro instrumento normativo que não o da lei, desde que existisse autorização legal.[387]

Quanto à iniciativa do projeto de lei do Plano de Desenvolvimento Urbano Integrado, o Estatuto das Metrópoles não define

---

[385] CORREIA, Fernando Alves. *O plano urbanístico e o princípio da igualdade.* Coimbra: Livraria Almedina, 1989. p. 288-289.

[386] ALVES, Alaôr Caffé. *Planejamento metropolitano e autonomia municipal no direito brasileiro.* São Paulo: Bushatsky; Emplasa, 1981. p. 197.

[387] ARAÚJO JÚNIOR, Miguel Etinger de. Da desnecessidade de lei formal no planejamento metropolitano e a preservação da autonomia municipal. *Revista Magister de Direito Ambiental e Urbanístico*, Porto Alegre, v. 6, n. 34, p. 50-51, fev./mar. 2011.

expressamente a quem cabe a iniciativa, mas indica que seria do Executivo ao prescrever que o plano deve ser elaborado por representantes do Estado, dos Municípios integrantes da unidade regional e da sociedade civil, e aprovado pela instância colegiada deliberativa antes de ser encaminhado à Assembleia Legislativa Estadual.

Alochio posiciona-se enfaticamente no sentido de que os planos urbanísticos são matéria de iniciativa privativa do Chefe do Poder Executivo, na medida em que os planos urbanísticos devem interagir com as leis orçamentárias, o que significa que implicam aumento de despesa. Nesse alinhamento, menciona o Recurso Extraordinário nº 302.803 decidido pelo STF, em que se concluiu pela iniciativa privativa do Chefe do Poder Executivo para normas de planejamento urbano.[388]

Reputa-se esse entendimento o mais adequado, até porque as normas de planejamento urbanístico são normas que se revestem de uma racionalidade técnica, cujo objetivo é formar um todo integrado. O âmbito do Poder Executivo é o mais adequado para a elaboração das normas de planejamento urbano. No caso do Plano de Desenvolvimento Urbano, o plano é gestado no âmbito da estrutura de governança interfederativa, o que significa que deve necessariamente ter a participação de todos os entes federativos integrantes da Região Metropolitana. E é imprescindível que o plano, antes do envio à Assembleia Legislativa pelo Governador, seja aprovado pela Assembleia Metropolitana.

Embora o plano metropolitano seja veiculado no ordenamento jurídico mediante lei estadual, a legitimidade da vinculação dos demais entes federativos está assegurada, uma vez que também são participantes do processo de elaboração do plano, bem como têm competência para sua aprovação na qualidade de integrantes da instância colegiada deliberativa. Veja-se que essa não é uma novidade na nossa história institucional, tendo sido esse o modelo original da SUDENE, conforme recorda Bercovici:

> Na estrutura administrativa da SUDENE, foi mantida a participação dos governos estaduais no seu Conselho Deliberativo, adotando-se, assim,

---

[388] ALOCHIO, Luiz Henrique Antunes. *Plano Diretor Urbano e Estatuto da Cidade*: medidas cautelares e moratórias urbanísticas. Belo Horizonte: Editora Fórum, 2010. p. 129-131.

um critério que proporcionava a influência das unidades federadas nas decisões do órgão federal de planejamento regional. A proposta original da SUDENE, com planos diretores elaborados na região, discutidos com governadores eleitos e aprovação no Congresso Nacional quebrava a prática centralizada no planejamento nacional, além de ter relevância na tentativa de reestruturação do federalismo brasileiro, envolvendo, efetivamente, os governos federal e estaduais, com a sua participação conjunta em programas e projetos comuns.[389]

É esse modo de integrar os entes federativos, em especial os Municípios, no processo de uma Democracia Deliberativa, que viabiliza a superação do municipalismo autárquico, tão prejudicial à implementação de políticas públicas no âmbito das Regiões Metropolitanas e Aglomerações Urbanas.

Ainda de acordo com o paradigma da Democracia Deliberativa, o Estatuto das Metrópoles prescreve a realização de audiências públicas em todos os Municípios integrantes da Região Metropolitana, para discussão do plano metropolitano,[390] assegurando ampla publicidade a todos os documentos e informações produzidas e garantindo o acompanhamento do Ministério Público no curso do processo de elaboração, aprovação e execução do plano metropolitano (§2º do art.12 do Estatuto das Metrópoles).

O Plano de Desenvolvimento Urbano Integrado, por ser um plano urbanístico, tem um regime jurídico definido, bem como um procedimento de elaboração e aprovação no âmbito da esfera da governança interfederativa. Esses aspectos minimizam o problema de eventual arguição de inconstitucionalidade do plano metropolitano por ofensa à autonomia municipal, porém não eliminam a questão. Domingues expõe a questão e apresenta uma solução nesses termos:

> Mas e se Estados-membros e Municípios não se entenderem? Quem deve "desempatar o jogo"? Existe um "voto de Minerva"? Como resolver este impasse? Esperar, esperar e deixar de dar efetividade à Constituição? (…)

---

[389] BERCOVICI, Gilberto. *Dilemas do Estado Federal Brasileiro.* Porto Alegre: Editora Livraria do Advogado, 2004. p. 44.

[390] DELCOL, Rafaela Fabiana Ribeiro. Estatuto da Metrópole: contribuições ao debate. ENCONTRO NACIONAL DA ANPEGE, 11., 2015, Presidente Prudente. *Anais…* Presidente Prudente: Associação Nacional de Pós-Graduação e Pesquisa em Geografia, 2015. p. 5903.

Em outras palavras, os Estados-membros podem, observadas as normas gerais federais, "esgotar" a matéria urbanística na região metropolitana, sem se preocupar com o interesse local, que afinal cederá lugar a um interesse metropolitano.[391]

No Brasil, não se tem conhecimento de alguma demanda judicial abrangendo o conflito entre um plano metropolitano e o plano municipal. O Superior Tribunal de Justiça – STJ decidiu um caso[392] envolvendo um confronto entre uma lei ambiental estadual que restringia o número de pavimentos de edificações e uma lei municipal urbanística, em que reputou a prevalência do diploma estadual. O STF, antes da Constituição de 1988, decidiu que a Constituição Estadual pode proibir a concessão de licenças para construir edificações com determinado número de pavimentos em nome do planejamento integrado do desenvolvimento econômico.[393] Nesses casos, a autonomia municipal cedeu em face do ordenamento jurídico estadual.

Em Portugal, no art. 24 do Regime Jurídico dos Planos Territoriais,[394] a regulação é no sentido de prevalecerem os planos nacionais, regionais e especiais sobre os planos intermunicipais e municipais. Em Portugal, a complexidade é menor, pois se trata de um Estado Unitário.

Nesse sentido, a Alemanha se revela um caso interessante, na medida em que é um Estado Federal e, embora o Município

---

[391] DOMINGUES, Rafael Augusto Silva. *A competência dos Estados-membros no direito urbanístico*: limites da autonomia municipal. Belo Horizonte: Editora Fórum, 2010. p. 168-169.

[392] Ação Rescisória nº 756 – PR.

[393] Representação nº 1.048-1 – PB.

[394] "Artigo 24.º Relação entre os instrumentos de âmbito nacional ou regional e os instrumentos de âmbito municipal 1 – O programa nacional da política de ordenamento do território e os planos regionais definem o quadro estratégico a desenvolver pelos planos municipais de ordenamento do território e, quando existam, pelos planos intermunicipais de ordenamento do território. 2 – Nos termos do número anterior, os planos municipais de ordenamento do território definem a política municipal de gestão territorial de acordo com as directrizes estabelecidas pelo programa nacional da política de ordenamento do território, pelos planos regionais de ordenamento do território e, sempre que existam, pelos planos intermunicipais de ordenamento do território. 3 – Os planos municipais de ordenamento do território e, quando existam, os planos intermunicipais de ordenamento do território, devem acautelar a programação e a concretização das políticas de desenvolvimento económico e social e de ambiente, com incidência espacial, promovidas pela administração central, através dos planos sectoriais. 4 – Os planos especiais de ordenamento do território prevalecem sobre os planos intermunicipais de ordenamento do território, quando existam, e sobre os planos municipais de ordenamento do território."

não tenha status de ente federativo, sendo integrante dos Estados-membros, tem assegurado uma relativa autonomia na Lei Fundamental de Bonn.[395] O equivalente ao Plano Diretor do Município é o *Bauleitplanung*.[396] O *Baugesetzbuch* (Código de Construção) dispõe que "Os planos diretores devem estar compatibilizados aos objetivos do ordenamento territorial".[397] Trata-se de disposição que se assemelha à nossa do Estatuto das Metrópoles, segundo a qual o Município deve compatibilizar o plano diretor com o Plano de Desenvolvimento Urbano Integrado.

Analisando o caso alemão, Marrara pondera que esse dever de compatibilização tem limites, na medida em que não se pode reduzir a margem de decisão do Município a zero. Alerta também que as normas de ordenamento territorial devem observar os princípios do Estado de Direito e da proporcionalidade. Quanto ao princípio do Estado de Direito, argumenta que as normas de ordenamento territorial devem ser constitucionais formalmente e materialmente. Formalmente, pois os Municípios devem ter tido a oportunidade de participar de sua elaboração, bem como serem compensados em razão das restrições sofridas. Materialmente, porque as restrições impostas pelas normas de ordenamento territorial devem ter justificativas em interesses supramunicipais e regionais.[398]

Reconhece, entretanto, que a questão é complexa e relata um caso decidido pela Suprema Corte da Alemanha em que um terço da área do Município foi destinada para grandes indústrias por norma de ordenamento territorial, não deixando espaço de decisão ao Município. O Tribunal Constitucional não vislumbrou ofensa ao âmbito de autonomia de planejamento do Município.[399] Eventual questão semelhante no Brasil adquire mais complexidade, na medida em que o Município é um ente que integra a Federação brasileira.

---

[395] MARRARA, Thiago. Do modelo municipal alemão aos problemas municipais brasileiros. *Revista Brasileira de Direito Municipal – RBDM*, Belo Horizonte, v. 9, n. 27, versão digital, jan./mar. 2008. p. 3-5.

[396] *Ibid.*, p. 6-7.

[397] Tradução nossa livre do alemão "§1 Aufgabe, Begriff und Grundsätze der Bauleitplanung (...) (4) Die Bauleitpläne sind den Zielen der Raumordnung anzupassen (...)".

[398] MARRARA, Thiago. *Planungsrechtliche Konflikte in Bundesstaat*: Eine rechtsvergleichende Untersuchung am Beispiel der raumbezogenen Planung in Deutschland and Brasilien. Hamburg: Verlag Dr. Kovac: Hamburg, 2009. p. 182-183.

[399] *Ibid.*, p. 184-185.

Assim, as cortes constitucionais se deparam com as dificuldades de suas capacidades institucionais para lidar com questões de planejamento, na medida em que é necessário estar atento às variáveis institucionais, pois os planos urbanísticos seguem um longo processo de elaboração e aprovação por instâncias administrativas e parlamento, assim como devem ser considerados os efeitos dinâmicos de eventual reexame da matéria pelo Judiciário em substituição ao Legislativo, o que é de difícil previsão na temática dos planos urbanísticos dada a sua natureza criadora e transformadora da realidade.[400]

De qualquer sorte, verifica-se que retornamos ao dilema de tentar traçar a linha entre competências. No caso, entre competência estadual e municipal. Esse dilema tem conexão com a pergunta "como devo interpretar a Constituição?". A investigação desenvolvida teve como objetivo fugir de dois dilemas: o de traçar a linha, a fronteira entre competências e o da questão de como devo interpretar a Constituição. A estratégia foi a análise e propositura de um esboço de governança metropolitana radicada na pergunta "como as instituições devem ser desenhadas, estruturadas?". Ao final, constatamos que, todavia, esses dilemas e a nossa proposta se encontram. E como resolver esse impasse? Em outras palavras, qual a relação entre a definição das fronteiras das competências e a governança metropolitana?

---

[400] SUNSTEIN, Cass R.; VERMEULE, Adrian. Interpretations and Institutions. *Mich. L. Rev.*, v. 101, p. 936, Feb. 2003.

CONCLUSÕES

O objetivo geral da dissertação foi o de formular um esboço de governança metropolitana, tendo como premissa metodológica um experimentalismo institucional, no qual se desloca da pergunta "como devo interpretar a Constituição para distinguir as fronteiras entre as competências estadual e municipal em temas metropolitanos?" para a indagação "como a governança metropolitana deve ser desenhada, estruturada institucionalmente?".

A fim de se responder a essa pergunta, utilizou-se então o conceito de matriz federativa para explicar a complexidade que envolve as relações federativas que ultrapassam em muito o esquema de competências definidos constitucionalmente, uma vez que se trata de mero esqueleto, cuja encarnação se realiza mediante relações jurídicas e práticas formais e informais que abrangem todos os Poderes constituídos sem a definição de um centro decisório. O conceito de matriz federativa permitiu compreender a cooperação federativa de um modo mais amplo, na medida em que se verificou que a cooperação é uma inevitabilidade no arranjo federativo que ocorre não apenas voluntariamente, mas também por meio de uma cooperação antagônica e uma cooperação coercitiva.

Nesse contexto, cunhou-se a expressão "armadilhas federativas" para se identificar as situações em que a cooperação entre os entes federativos é inviabilizada ou torna-se muito onerosa do ponto de vista dos custos de transação para os entes federativos e atores políticos. A primeira armadilha federativa identificada foi a do municipalismo autárquico, que está presente na história institucional brasileira e consiste na crença na capacidade de o Município isoladamente executar todas as políticas públicas.

A segunda armadilha federativa é a relação entre federalismo fiscal e municipalismo autárquico. O modo como é estruturado o Fundo de Participação dos Municípios – FPM gera distorções porque não são beneficiados os Municípios mais pobres, tampouco os com maior pressão de gastos, os quais, geralmente, são os que se encontram em áreas metropolitanas. Além disso, o FPM provocou, na década de 1990, em razão de seus critérios de rateio de recursos entre os Municípios, uma febre de multiplicação de Municípios que somente restou contida pela Emenda Constitucional nº 15/1996. A ausência de racionalidade nos critérios de repartição do FPM e a multiplicação de Municípios implicaram a dispersão de recursos financeiros e uma maior dificuldade de gerenciamento de problemas relativos às funções públicas de interesse comum, pois multiplicaram-se os atores envolvidos no processo de governança metropolitana.

Prosseguindo-se na análise, examinou-se a noção de competências entrelaçadas, que consiste na realidade de que o exercício das competências comuns administrativas opera por meio de uma dinâmica relação entre os entes da federação, de tal maneira que as políticas públicas são construídas entrelaçadamente, o que, muitas vezes, dificulta identificar onde começa e termina a responsabilidade de cada ente federativo. O fenômeno das competências entrelaçadas provoca a armadilha do federalismo coercitivo, que significa a capacidade de a esfera federal conformar as políticas públicas das esferas subnacionais, seja mediante recursos financeiros ou por meio de regulação federal. O federalismo coercitivo pode representar uma alternativa em vez de uma armadilha para as Regiões Metropolitanas porque pode ser um mecanismo de incentivo à cooperação.

No âmbito das competências entrelaçadas, destaque-se também a armadilha do federalismo executivo que se caracteriza pela predominância do Poder Executivo no processo decisório, o que produz insulamento decisório e o comprometimento de *accountability*. O insulamento decisório pode ser combatido mediante participação popular nos processos decisórios. No caso das Regiões Metropolitanas, a tendência é ao insulamento decisório em virtude da predominância dos Poderes Executivos do Estado e dos Municípios, o que deve ser combatido por meio da participação popular.

Mais uma armadilha federativa é a do comprometimento de *accountability*, porquanto a dificuldade em se atribuir a responsabilidade pela implementação e execução da política pública impede o eleitor de "punir" nas urnas os agentes políticos. Esse problema tem grande relevância nas Regiões Metropolitanas, pois o sistema

CONCLUSÕES | 169

de cogestão entre Estado e Municípios embaraça a imputação de responsabilidade pela resolução dos problemas metropolitanos.

Ainda há a armadilha da decisão conjunta, a qual se explica como o excesso de cooperação que pode conduzir a uma paralisia nas ações e políticas públicas, na medida em que se atribui o poder de veto a um ator ou a poucos atores atuando de maneira integrada. No caso das Regiões Metropolitanas, a depender de como seja concebido o processo decisório, essa armadilha pode provocar a paralisia da gestão metropolitana.

As últimas armadilhas federativas têm sua origem na relação entre o sistema político e Regiões Metropolitanas. Nesse contexto, o paroquialismo metropolitano é uma armadilha federativa que tem suas raízes no modelo de presidencialismo de coalizão que o Brasil adota. O paroquialismo metropolitano se consubstancia na deficiente representação nas Assembleias Legislativas Estaduais da população que habita e mora nas Regiões Metropolitanas. Além disso, há falta de incentivos ao Chefe do Poder Executivo estadual para atuar em Municípios com Prefeitos da oposição.

A falta de lideranças políticas capazes de mobilizar a sociedade em favor das associações voluntárias e compulsórias é também uma armadilha. A ausência de uma identidade regional dificulta também a formação de arranjos associativos, sejam voluntários ou compulsórios. Ademais, a assimetria de forças entre o Estado e Município-polo em relação aos Municípios-satélites inibe a cooperação, pois os Municípios menores têm medo de serem capturados pelos atores mais fortes. Outra armadilha federativa é o fato de que a Região Metropolitana está fortemente associada ao período da ditadura militar e, portanto, a uma trajetória institucional autoritária, o que causa uma inibição à cooperação. A última armadilha federativa é relativa à instituição da Região Metropolitana, que significa investigar quais prêmios e punições são capazes de reduzir os custos de transação e induzir cooperação.

É o problema da governança metropolitana. E, nesse cenário, surge a indagação sobre quais razões justificam um modelo de governança, isto é, de associação compulsória. Por que não se adotar a sistemática de fusões entre Municípios? Ou a criação de cidades-Estado? Qual a justificativa normativa para a adoção de um modelo de associação compulsória tão complexo? E como legitimar democraticamente a governança nas Regiões Metropolitanas, adotando-se esse modelo de associação compulsória?

Para apresentar respostas a essas indagações, examinou-se, no Capítulo 2, a relação entre Regiões Metropolitanas e democracia. Após a análise do desenvolvimento do conceito jurídico de Regiões Metropolitanas no ordenamento jurídico nacional, constatou-se que houve grande divergência no julgamento da ADIN nº 1842 pelo STF, tanto que resultaram quatro posições distintas, tendo sido sufragado, por maioria, um modelo de associação compulsória com pesos diferenciados entre Estado e Municípios. Essa divergência aponta para a necessidade de uma justificativa normativa para a compreensão da interpretação do STF, o que depende da relação entre federalismo e democracia.

Com essa finalidade, investigou-se três modelos de democracia que têm impacto no modo que se compreende a federação. O modelo de Democracia Liberal entende a federação como mais uma técnica de freios e contrapesos, pois se trata de uma limitação vertical do poder em razão da distribuição de competências a ente federativos. O modelo de Democracia Republicana prefere a concepção de controle popular, isto é, por meio da participação de cidadãos ativos e virtuosos. Nesse sentido, a federação é concebida como um meio de aproximar representantes e representados, de tornar a autoridade pública que exerce o poder estatal mais próxima ao cidadão.

O último modelo é o da Democracia Deliberativa, que tem como elemento central a comunicação e a premissa de que todas as decisões devem ser precedidas de um amplo processo de discussão com a participação de todos os potenciais afetados pela decisão. Nesse modelo, a federação é um modo de organização estatal que incentiva a pluralidade e o diálogo. É o modelo da Democracia Deliberativa que se adotou para a interpretação constitucional do regime jurídico das Regiões Metropolitanas.

Foi, a partir do paradigma da Democracia Deliberativa, mediante o recurso ao direito comparado, que se constatou as limitações do modelo da Democracia Liberal e Republicana para explicar e justificar as opções pela fusão de Municípios, criação de cidades-Estado e governança metropolitana/associação compulsória. À luz da Democracia Liberal e Republicana, a cisão de Municípios geraria mais controle, seja por limitação do poder, seja

CONCLUSÕES | 171

pela maior aproximação com a população – o controle popular. Entretanto, a cisão pode estar ancorada em fatores segregacionistas, como o exemplo do plebiscito em Los Angeles demonstrou.

De igual maneira, a simples fusão de Municípios de modo autoritário, sem consulta às populações afetadas, sob o fundamento de aumento de eficiência da gestão metropolitana, pode esconder também práticas violadoras de direitos das minorias, conforme comprova o caso de Montreal no Canadá. Por outro lado, instâncias mais abrangentes de poder como as municipalidades metropolitanas pós-*apartheid* na África do Sul também demonstram que nem sempre o argumento do poder local significa mais limitação de poder ou controle popular, mas podem cooperar para a superação de desigualdades históricas.

Foi considerando esse cenário e que as fronteiras de uma Metrópole não são estáticas, mas quase sempre desbordam, ao longo do tempo, dos limites geográficos previamente definidos, que se reputou mais adequado um modelo de Democracia Deliberativa para explicar as alterações, seja por fusão, cisão ou associação compulsória, uma vez que essas modificações sempre têm um alto componente político.

Ademais, o modelo de Democracia Deliberativa apresenta elementos para explicar e justificar a governança metropolitana, pois o caráter compulsório se esvazia de sentido e adquire relevância o processo de aprendizagem que o caráter deliberativo impõe à sociedade. De qualquer modo, concluiu-se que se deve empregar mais energia nos arranjos de pequena escala do que nos de larga escala, na medida em que a convivência entre vários entes federativos sob o mesmo espaço territorial é uma inevitabilidade nas Metrópoles.

Daí a imprescindibilidade de se investir na governança metropolitana, cujo marco normativo é o Estatuto das Metrópoles. A instituição da Região Metropolitana é mediante lei complementar estadual, que define os Municípios que integram a unidade territorial urbana. No caso da Região Metropolitana, a identificação do que é Metrópole depende da definição apresentada pelo IBGE de capital nacional ou regional. Quanto aos limites da unidade territorial urbana, isto é, os Municípios que integram a Região Metropolitana, o projeto de lei complementar estadual deve apresentar justificativa técnica apoiada nos indicadores elaborados pelo IBGE. Essas cautelas do Estatuto das Metrópoles se explicam pelo divórcio entre os conceitos legais de Região Metropolitana fixados por leis estaduais, os do IBGE e os da realidade empírica. A ausência de uma racionalidade técnica da instituição das Regiões Metropolitanas causa distorções que comprometem o planejamento e a gestão.

Além disso, deve estar prevista na lei complementar estadual uma estrutura de governança interfederativa, a qual representa uma grande novidade e se adequa à natureza de associação compulsória, ou seja, de uma parceria federal e, logo, ancorada em princípios jurídicos de direito público. O paradigma da Democracia Deliberativa acomoda a governança interfederativa, na medida em que se trata de uma comunidade composta por entes políticos (Estado e Municípios) que, muitas vezes, são movidos por suas agendas institucionais, assim como pela sociedade altamente fragmentada, com atores mobilizados por seus interesses e aspirações.

Por essa razão, a governança interfederativa tem seu regime jurídico definido pelos princípios da prevalência do interesse comum sobre o local, da autonomia dos entes federativos, da busca do desenvolvimento sustentável, da efetividade dos recursos públicos e da responsabilidade comum, porém diferenciada.

A estrutura da governança interfederativa exige necessariamente uma instância executiva, uma instância colegiada deliberativa com participação da sociedade civil e uma organização pública consultiva. O Estatuto das Metrópoles emprega termos vagos para a definição da estrutura da governança interfederativa, conferindo ampla liberdade ao legislador estadual para prever em lei complementar estadual a estrutura da governança interfederativa.

A instância executiva é composta por representantes do Poder Executivo dos entes federativos, constituindo-se, portanto, em um mecanismo típico do federalismo executivo. Tem, talvez, como principal tarefa, a formação da agenda da gestão e planejamento da Região Metropolitana. Por esse motivo, o mecanismo de deliberação por maioria simples é mais adequado para se inibir o imperialismo do Estado ou do Município-polo. Também pode ocorrer de a instância executiva abusar de suas competências. A instância executiva tenderá a buscar seus próprios interesses institucionais e poderá se ver tentada a subtrair poderes da instância deliberativa.

CONCLUSÕES | 173

Daí a necessidade de previsão de se criar um mecanismo de controle mediante a supervisão da instância deliberativa.

A instância colegiada deliberativa, a qual se denominou de Assembleia Metropolitana, é o coração da governança interfederativa, uma vez que dispõe de poderes decisórios sobre o planejamento e a gestão metropolitana, sobrepondo-se às demais instâncias. A grande novidade do Estatuto das Metrópoles é de que a instância colegiada deliberativa tenha representação da sociedade civil, adquirindo enorme relevância o modo pelo qual serão escolhidos os representantes da sociedade civil, uma vez que podem ser cooptados tanto pelo aparelho burocrático quanto pelo mercado. Para a elaboração do mecanismo de escolha dos representantes da sociedade civil na Assembleia Metropolitana, pode-se adotar a diretriz na qual seja assegurada a participação paritária aos "usuários" das funções públicas de interesse comum em relação aos demais segmentos oriundos da sociedade civil. Outra diretriz a ser adotada é a de atenuação do paroquialismo metropolitano que contamina as Assembleias Estaduais.

A complexidade da Assembleia Metropolitana não se esgota no mecanismo de escolha dos representantes da sociedade civil, mas também no estabelecimento de um sistema de votos com pesos diferenciados, de acordo com a população de cada Município e com a condição do Estado-membro, sem permitir que haja a predominância de um ente federativo sobre os demais. Acrescente-se que, nos casos de decisões de mérito, e não meramente procedimentais, na Assembleia Metropolitana, como, por exemplo, o Plano de Desenvolvimento Urbano Integrado, deve-se adotar a técnica de aprovação por meio de maioria qualificada, pois promove *accountability* sem atribuir o poder de veto a um único ator, desde que o quórum de aprovação não seja demasiadamente elevado.

A Assembleia Metropolitana é a instância deliberativa e, por seu turno, define também o modo pelo qual ocorrerá a alocação dos recursos financeiros. Daí que a maneira pela qual são financiadas as Regiões Metropolitanas pode ser um incentivo à participação dos Municípios menores na gestão metropolitana. Nas Regiões Metropolitanas, a associação é compulsória, a participação é facultativa, mas não obrigatória.

A grande lacuna do Estatuto das Metrópoles é o tema do financiamento das Regiões Metropolitanas, uma vez que restou vetado o dispositivo que regulava o Fundo Nacional de Desenvolvimento Urbano Integrado – FNDUI. Apresentou-se como proposta a criação do Fundo de Participação das Regiões Metropolitanas mediante lei complementar federal, sem necessidade de emenda constitucional. Esse fundo poderia corrigir parte das distorções atuais do FPM e promover um uso mais racional dos recursos públicos nas funções públicas de interesse comum.

O Estatuto das Metrópoles definiu função pública de interesse comum como a política pública ou ação nela inserida cuja realização por parte de um Município, isoladamente, seja inviável ou cause impacto em Municípios limítrofes. O conceito de função pública do Estatuto das Metrópoles encontra fundamento explicativo nos anais da Assembleia Constituinte, constatando-se, assim, que a intenção do Constituinte foi de se atribuir um amplo e extenso leque de atribuições às Regiões Metropolitanas, cujo limite está apenas na caracterização de que esse interesse seja comum.

Por esse motivo, a lei instituidora da Região Metropolitana deve identificar quais as funções públicas de interesse comum serão de atribuição da Região Metropolitana, o que deve ser acompanhado necessariamente de uma justificativa técnica. A razão é simples. É a existência de funções públicas de interesse comum que justifica a criação de uma Região Metropolitana, e não o contrário.

Em seguida, foi analisada a formação e a sustentabilidade dos consórcios públicos de saúde que, embora sejam um arranjo associativo voluntário, têm importância porque exigem solução para o problema do *free-rider*, assim como representam um modelo sobre a repartição dos custos financeiros do serviço público entre os entes federativos consorciados.

Também foi investigado o Plano de Desenvolvimento Urbano Integrado previsto no Estatuto das Metrópoles, que tem enorme relevância, na medida em que é o instrumento de planejamento e coordenação das demais funções públicas de interesse comum e de ordenação do território.

Após o exame de vários aspectos sobre o Plano de Desenvolvimento Urbano Integrado, constatou-se que o Plano de Desenvolvimento Urbano Integrado pode vulnerar a autonomia

CONCLUSÕES | 175

municipal. Retornou-se, assim, ao dilema de tentar traçar a linha, a fronteira entre a competência estadual e a competência municipal. Tentou-se fugir desse dilema, investindo-se energia no esboço de um desenho institucional para a governança metropolitana, mas o problema perdura. E como resolver esse impasse? Em outras palavras, qual a relação entre a definição das fronteiras das competências e a governança metropolitana?

Essa relação se explica pela compreensão de que se está tematizando problemas que respondem a perguntas diferentes. A teoria constitucional normativa se desdobra em duas frentes: a da teoria do desenho institucional e a da teoria da interpretação constitucional.[401] A teoria do desenho institucional é o fundamento da pesquisa desenvolvida, isto é, a formulação de um esboço de governança metropolitana. A definição dos limites, das fronteiras entre as competências do Estado e do Município é tarefa da teoria da interpretação constitucional.

Sem ingressar no fascinante universo da teoria da interpretação constitucional, o que se deseja enfocar é a dimensão de que uma teoria da interpretação constitucional não tem como finalidade constranger o poder decisório das Cortes, na medida em que essas limitações advêm do funcionamento das instituições judiciais e políticas.[402]

As Cortes não têm a primeira e tampouco a última palavra sobre o significado da Constituição, mas estão integradas em um complexo sistema de mútua influência entre cidadãos, entidades privadas e atores governamentais. Balkin explica essa relação de mútua influência do seguinte modo:

> Juristas, algumas vezes, denominam esse processo de mútua interação de "diálogo". Mas a palavra diálogo é muito educada. Não captura o empurra-empurra, agressão e ameaça que ocorre na política constitucional americana, ou as muitas formas de diplomacia, a fuga do conflito, o aparar de arestas em que as cortes e os políticos se empenham para evitar incerteza política e situações potencialmente destrutivas.[403]

---

[401] BALKIN, Jack M. *Living Originalism*. Cambridge, Massachusetts; London, England: Harvard University Press, 2011. E-book.

[402] *Ibid.*

[403] *Ibid.*, tradução livre nossa do inglês: "(...) Scholars sometimes call this process of mutual interaction 'dialogue'. But the word dialogue is altogether too polite. It does not capture the

É o que se tem sido denominado de diálogo institucional,[404] em que o embate travado entre os poderes constituídos viabiliza a construção conjunta dos sentidos constitucionais de maneira mais democrática.[405] É essa dimensão institucional dialógica que promove constrição ao juízo de constitucionalidade das Cortes. Nesse contexto, a função da teoria da interpretação constitucional é promover, e não assegurar, legitimidade democrática, que está vinculada à soberania popular.[406] Portanto, o método de interpretação constitucional não é um procedimento, uma técnica, porém uma linguagem que permite que pessoas com diferentes visões dialoguem e argumentem, promovendo soberania popular, na medida em que os sentidos constitucionais são construídos nesse processo de deliberação democrática de mútua influência e diálogo.[407]

Nesse ponto, a teoria da interpretação constitucional deve se dedicar à construção de critérios normativos que viabilizem a delimitação das fronteiras entre competência estadual e municipal, mas não com a pretensão de se criar uma técnica interpretativa, e sim com a finalidade de se promover democracia mediante a formulação de uma linguagem que viabilize o embate entre todos os atores envolvidos no processo argumentativo e de deliberação, o que extrapola em muito o âmbito do Poder Judiciário.

---

pushing and shoving, aggression, and threatening that occur in American constitutional politics, or the many forms of diplomacy, conflict avoidance, and face shaving measures that courts and politicians engage in to forestall politically uncertain and potentially destructive situations (…)".

[404] Conferir HOGG, Peter W; BUSSELL, Alisson A. The Charter Dialogue between Courts and Legislatures. (Or Perhaps the Charter of Rights Isn't Such a Bad Thing after All) *Osgoode Law Journal*, v. 35, n. 1, p. 76-123, 1997; GARGARELLA, GARGARELLA, Roberto (Comp.). *Por una justicia dialógica*: el Poder Judicial como promotor de la deliberación democrática. Buenos Aires: Siglo Veintiuno, 2014; MENDES, Conrado Hübner. *Direitos fundamentais, separação de poderes e deliberação*. 2008. 219 f. Tese (Doutorado em Ciência Política) – Departamento de Ciência Política, Faculdade de Filosofia, Letras e Ciências Humanas, Universidade de São Paulo, São Paulo, 2008; BRANDÃO, Rodrigo. *Supremacia judicial versus diálogos constitucionais*: a quem cabe a última palavra sobre o sentido da Constituição?. Rio de Janeiro: Lumen Juris, 2012; VICTOR, Sérgio Antônio Ferreira. *Diálogo institucional e controle de constitucionalidade*: debate entre o STF e o Congresso Nacional. São Paulo: Saraiva, 2015.

[405] VICTOR, Sérgio Antônio Ferreira. *Diálogo institucional e controle de constitucionalidade*: debate entre o STF e o Congresso Nacional. São Paulo: Saraiva, 2015. p. 251.

[406] BALKIN, Jack M. *Living Originalism*. Cambridge, Massachusetts; London, England: Harvard University Press, 2011. E-book.

[407] *Ibid.*

E aqui reside a conexão com a governança metropolitana, na medida em que, até o momento, ao menos no plano do Poder Judiciário, esse diálogo institucional tem se restringido às Cortes, Estados e Municípios. A governança metropolitana é mais um ator nesse processo deliberativo e dialógico, e um ator qualificado, na medida em que construirá seus sentidos constitucionais a respeito dos limites das competências entre Estado e Municípios. Assim, uma teoria da interpretação constitucional deve fornecer uma plataforma de persuasão,[408] inclusive para os diálogos travados na e pela governança metropolitana.

---

[408] *Ibid.*

REFERÊNCIAS

ABRANCHES, Sérgio Henrique Hudson de. Presidencialismo de coalizão: o dilema institucional brasileiro. *Dados – Revista de Ciências Sociais*, v. 31, n. 1, p. 5-34, 1988.

ABRUCIO, Fernando Luiz; SANO, Hironobu; SYDOW, Cristina Toth. Radiografia do associativismo territorial brasileiro: tendências, desafios e impactos sobre as regiões metropolitanas. In: KLINK, Jeroen (Org.). *Governança das metrópoles*: conceitos, experiências e perspectivas. São Paulo: Annablume, 2010. p. 21-48.

AGUSTINHO, Eduardo Oliveira. *As tragédias dos Comuns e dos Anticomuns*. In: RIBEIRO, Marcia Carla Pereira; KLEIN, Vinícius (Coord.). *O que é análise econômica do direito*: uma introdução. Belo Horizonte: Fórum, 2011. p. 49-62.

ALMEIDA, Fernanda Dias Menezes de. Comentário ao artigo 21. In: CANOTILHO, J. J. Gomes; MENDES, Gilmar F.; SARLET, Ingo W.; STRECK, Lenio L. (Coord.). *Comentários à Constituição do Brasil*. São Paulo: Saraiva; Almedina, 2013. E-book.

ALMEIDA, Fernanda Dias Menezes de. Comentário ao artigo 23. In: CANOTILHO, J. J. Gomes; MENDES, Gilmar F.; SARLET, Ingo W.; STRECK, Lenio L. (Coord.). *Comentários à Constituição do Brasil*. São Paulo: Saraiva; Almedina, 2013. E-book.

ALMEIDA, Fernanda Dias Menezes de. *Competências constitucionais de 1988*. 3. ed. São Paulo: Editora Atlas, 2005.

ALOCHIO, Luiz Henrique Antunes. *Plano Diretor Urbano e Estatuto da Cidade*: medidas cautelares e moratórias urbanísticas. Belo Horizonte: Editora Fórum, 2010.

ALTHUSIUS, Johannes. *Política*: uma tradução reduzida de *Política* metodicamente apresentada e ilustrada com exemplos sagrados e profanos. Rio de Janeiro: Editora Topbooks, 2003.

ALVES, Alaôr Caffé. *Planejamento metropolitano e autonomia municipal no direito brasileiro*. São Paulo: Bushatsky; Emplasa, 1981.

ALVES, Alaôr Caffé. Questões urbanas regionais: Estado, Municípios e Regiões Metropolitanas no Brasil – articulações jurídicas e conflitos institucionais. In: MENDES, Gilmar Ferreira; CARNEIRO, Rafael Araripe (Org.). *Gestão pública e direito municipal*. São Paulo: Saraiva, 2016. p. 75-109.

ALVES, Alaôr Caffé. Redistribuição de rendas tributárias em Região Metropolitana. *Revista da Procuradoria-Geral do Estado de São Paulo*, São Paulo, n. 10, p. 379-394, jun. 1977.

ALVES, Alaôr Caffé. Regiões metropolitanas, aglomerações urbanas e microrregiões: novas dimensões constitucionais da organização do Estado brasileiro. Disponível em: www.pge.sp.gov.br/centrodeestudos/revistapge/revista/tes1.htm. Acesso em: 20 jul. 2019.

ARAÚJO JÚNIOR, Miguel Etinger de. Da desnecessidade de lei formal no planejamento metropolitano e a preservação da autonomia municipal. *Revista Magister de Direito Ambiental e Urbanístico*, Porto Alegre, v. 6, n. 34, p. 36-55, fev./mar. 2011.

ARAÚJO, Marcelo Labanca Corrêa de Araújo. Federalismo e Princípio da Simetria. In: TAVARES, André Ramos; LEITE, George Salomão; SARLET, Ingo Wolfgang. *Estado Constitucional e organização do poder*. São Paulo: Saraiva, 2010. p. 513-549.

ARRETCHE, Marta. *Democracia, federalismo e centralização no Brasil*. Rio de Janeiro: Editora FGV; Editora Fiocruz, 2012.

ARRETCHE, Marta. Federalismo e igualdade territorial: uma contradição em termos?. *DADOS – Revista de Ciências Sociais*, Rio de Janeiro, v. 53, n. 3, p. 587-620, 2010.

AZEVEDO, Eurico de Andrade. A Região Metropolitana no Brasil e seu regime jurídico. In: GOVERNO DO ESTADO DE SÃO PAULO. *O desafio metropolitano*. São Paulo: Sistema de Planejamento e de Administração Metropolitana, 1976. p. 14-36.

AZEVEDO, Sérgio de; GUIA, Virgínia R. dos Mares. Reforma do Estado e federalismo: os desafios da governança metropolitana. In: RIBEIRO, Luiz César de Queiroz (Org.). *O futuro das metrópoles*: desigualdades e governabilidade. Rio de Janeiro: REVAN; FASE, 2000. p. 525-552.

BALKIN, Jack M. *Living Originalism*. Cambridge, Massachusetts; London, England: Harvard University Press, 2011.

BARROSO, Luís Roberto. *O controle de constitucionalidade no direito brasileiro*: exposição sistemática da doutrina e análise crítica da jurisprudência. 7. ed. rev. e atual. São Paulo: Saraiva, 2016.

BERCOVICI, Gilberto; SIQUEIRA NETO, José Francisco. O art.23 da Constituição de 1988 e as competências comuns. *Revista Brasileira de Estudos Constitucionais*, Belo Horizonte, v. 2, n. 6, p. 49-65, abr./jun. 2008.

BERCOVICI, Gilberto. *Dilemas do Estado Federal Brasileiro*. Porto Alegre: Editora Livraria do Advogado, 2004.

BERGMAN, Matthew P. Montesquieu's Theory of Government and the Framing of the American Constitution. *Pepp. L. Rev.*, v.18, n. 1, p. 1-42, 1991.

BONAVIDES, Paulo. *Curso de direito constitucional*. 15. ed. São Paulo: Editora Malheiros, 2004.

BORDEN, Morton (Org.). *Anti-federalist Papers*: 1787-1789. 1965.

BRANDÃO, Rodrigo. *Supremacia judicial versus diálogos constitucionais*: a quem cabe a última palavra sobre o sentido da Constituição?. Rio de Janeiro: Lumen Juris, 2012.

BRASIL. Assembleia Nacional Constituinte, Comissão de Organização do Estado, Subcomissão dos Municípios e Regiões. *Diário da Assembleia Nacional Constituinte*. Brasília: Poder Legislativo, 1987. (Suplemento).

BUZAID, Alfredo. *O Estado Federal Brasileiro*. Brasília: Ministério da Justiça, 1971.

CAMARGO, Nilo Marcelo de Almeida. *A forma federativa de Estado e o Supremo Tribunal Federal pós-constituição de 1988*. Porto Alegre: Núria Fabris Ed., 2010.

CAMARGO, Nilo Marcelo de Almeida. *Introdução às "normas gerais" da Constituição Brasileira de 1988 como limitação à autonomia política*. Porto Alegre: Editora Núria Fabris, 2013.

CARDOSO, Oscar Valente. Competência para o julgamento de pedido de fornecimento de medicamentos. *Revista Dialética de Direito Processual Civil (RDDP)*, n. 61, p. 59-66, abr. 2008.

CARVALHO, José Murilo de. República, democracia e federalismo: Brasil, 1870-1891. *Varia Historia*, Belo Horizonte, v. 27, n. 45, p.141-157, jan./jun. 2011.

COMPANHIA DE PLANEJAMENTO DO DISTRITO FEDERAL – CODEPLAN. *O aglomerado metropolitano de Brasília nos indicadores do IBGE*. Nota técnica. Brasília: jul. 2018.

CONTIPELLI, Ernani de Paula; MENEZES, Daniel Francisco Nagao. Os rumos das regiões metropolitanas: comparação Itália-Brasil. *Revista Fórum de Direito Financeiro e Econômico*, Belo Horizonte, v. 3, n. 4, p. 93-104, set. 2013/fev. 2014.

CORDEIRO, Glauber de Lucena. *Regiões Metropolitanas*: o papel dos parlamentos metropolitanos na governança interfederativa do estatuto das metrópoles (Lei nº 13.089/2015). Rio de Janeiro: Editora Lumen Juris, 2016.

CORREIA, Fernando Alves. *O plano urbanístico e o princípio da igualdade*. Coimbra: Livraria Almedina, 1989.

DALLARI, Adilson. Subsídios para a criação imediata de entidades metropolitanas. *Revista de Direito Público*, v. 3, n. 12, p. 309-311, abr./jun. 1970.

DALLARI, Sueli Gandolfi. *Direito sanitário*. São Paulo: Editora Verbatim, 2010.

DAROCA, Eva Desdentado. *Los problemas del control judicial de la discrecionalidad técnica*: un estudio crítico de la jurisprudencia. Madrid: Editora Civitas, 1997.

DELCOL, Rafaela Fabiana Ribeiro. Estatuto da Metrópole: contribuições ao debate. ENCONTRO NACIONAL DA ANPEGE, 11., 2015, Presidente Prudente. *Anais...* Presidente Prudente: Associação Nacional de Pós-Graduação e Pesquisa em Geografia, 2015. p. 5897-5908.

DEMOLINER, Karine Silva. Água e saneamento básico: regimes jurídicos e marcos regulatórios no ordenamento brasileiro. Porto Alegre: Livraria do Advogado Editora, 2008.

DI PIETRO, Maria Sylvia Zanella. O consórcio público na Lei nº 11.107, de 6.4.2005. *Revista Eletrônica sobre a Reforma do Estado*, Salvador, n. 6, jun./jul./ago. 2006.

DIAS, Maria Tereza Fonseca. Consórcios públicos e organização administrativa, em face da Constituição da República de 1988. In: PIRES, Maria Coeli Simões; BARBOSA, Maria Elisa Braz (Coord.). *Consórcios públicos*: instrumento do federalismo cooperativo. Belo Horizonte: Editora Fórum, 2008. p. 87-124.

DOMINGUES, Rafael Augusto Silva. *A competência dos Estados-membros no direito urbanístico*: limites da autonomia municipal. Belo Horizonte: Editora Fórum, 2010.

DORF, Michael C. Legal Indeterminacy and Institutional Design. *New York University Law Review*, v. 78, n. 3, p. 875-891, jun. 2003.

DWORKIN, Ronald. *O Império do Direito*. São Paulo: Martins Fontes, 1999.

ELAZAR, Daniel J. *Exploring Federalism*. Tuscaloosa, Alabama: The University of Alabama Press, 1987.

FARIAS, Paulo José Leite. *Competência federativa e proteção ambiental*. Porto Alegre: Sergio Antônio Fabris Editor, 1999.

FAUSTO, Boris. *História do Brasil*. São Paulo: Editora Universidade de São Paulo; Fundação para o Desenvolvimento para a Educação, 2001.

FERNANDES, Edésio. Constructing the "Right to the City" in Brazil. In: *Social Legal Studies*, v.16, n. 2, p. 201-219, 2007.

FERNANDES, Edésio. Gestão metropolitana. *Cadernos da Escola do Legislativo*, v. 7, n. 12, p. 65-69, jan./jun.2004.

FERNANDES, Edésio. O elo perdido: o desafio da gestão metropolitana. In: ALFONSIN Betânia; FERNANDES, Edésio (Org.). *Direito urbanístico*: estudos brasileiros e internacionais. Belo Horizonte: Editora Del Rey, 2006. p. 359-366.

FERRAZ JÚNIOR, Tércio Sampaio. *Introdução ao estudo do Direito*: técnica, decisão, dominação. 2. ed. São Paulo: Editora Atlas, 1994.

FERRAZ JÚNIOR, Tércio Sampaio. Princípios condicionantes do poder constituinte estadual em face da Constituição Federal. In: CLÈVE, Clèmerson Merlin; BARROSO, Luís Roberto (Org.) *Doutrinas essenciais de direito constitucional*. São Paulo: Editora Revista dos Tribunais, 2011. v. 3.

FERREIRA FILHO, Manoel Gonçalves. *Curso de direito constitucional*. 38. ed. rev. e atual. São Paulo: Editora Saraiva, 2012.

FIANI, Ronaldo. *Cooperação e conflito*: instituições e desenvolvimento econômico. Rio de Janeiro: Elsevier, 2011.

FIORENTINO, Luiz Carlos Fróes del. *As transferências intergovernamentais no federalismo fiscal brasileiro*. 2010. 241 f. Dissertação (Mestrado em Direito Econômico e Financeiro) – Faculdade de Direito, Universidade de São Paulo, São Paulo, 2010.

FIRKOWSKI, Olga L. C. Metrópoles e Regiões Metropolitanas no Brasil: conciliação ou divórcio. In: FURTADO, Bernardo Alves; KRAUSE, Cleandro; FRANÇA, Karla Christina Batista (Ed.). *Território metropolitano, políticas municipais*: por soluções conjuntas de problemas urbanos no âmbito metropolitano. Brasília: IPEA, 2013. p. 21-51.

FORD, Richard T. Law's Territory (A History of Jurisdiction). *In Michigan Law Review*, v. 97, n. 4, p. 843-930, 1999.

FÓRUM FISCAL DOS ESTADOS BRASILEIROS. *Transferências intergovernamentais na federação brasileira*: avaliação e alternativas de reforma. São Paulo: Fundação Getúlio Vargas, 2006. (Caderno Fórum Fiscal, 6).

FOSTER, Sheila R. Collective Action and the Urban Commons. *Notre Dame Law Review*, v. 87, n. 1, p. 57-134, 2011.

FRANZESE, Cibele. *Federalismo cooperativo no Brasil*: da Constituição de 1988 aos sistemas de políticas públicas. 2010. 210 f. Tese (Doutorado em Administração Pública e Governo) – Escola de Administração de Empresas de São Paulo, Fundação Getúlio Vargas, 2010.

FRANZONI, Júlia Ávila; HOSHINO, Thiago de Azevedo Pinheiro. Da urbanização periférica ao direito à metrópole: a Lei 13.089/2015 no reescalonamento da política urbana. *Revista Brasileira de Direito Urbanístico – RBDU*, Belo Horizonte, v. 1, n. 1, p. 103-132, jul./dez. 2015.

FRUG, Gerald E. Is Secession from the City of Los Angeles a Good Idea? *UCLA Law Review*, v. 49, n. 6, p. 1783-1799, 2002.

FURQUIM, Cláudia. *O direito de construir na perspectiva urbanístico-constitucional*. Belo Horizonte: Editora Del Rey, 2013.

GARGARELLA, Roberto (Comp.). *Por una justicia dialógica*: el Poder Judicial como promotor de la deliberación democrática. Buenos Aires: Siglo Veintiuno, 2014.

GARGARELLA, Roberto. Em nome da Constituição. In: BORON, Atilio A. (Org.). *Filosofia Política Moderna*: de Hobbes à Marx. São Paulo: CLASCO – Consejo Latinoamericano de Ciencias Sociales; DCP-FFLCH – Departamento de Ciências Políticas, Faculdade de Filosofia, Letras e Ciências Humanas; USP – Universidade de São Paulo, 2006. p. 169-189.

REFERÊNCIAS | 183

GARGARELLA, Roberto. Theories of Democracy, the Judiciary and Social Rights. In: GARGARELLA, Roberto; DOMINGO, Pilar; ROUX, Theunis (Ed.). *Courts and Social Transformation in new Democracies*: An Institutional Voice for the Poor?. Aldershot: Ashgate Publishing Limited, 2006. p. 13-34.

GARSON, Sol. *Regiões Metropolitanas*: por que não cooperam?. Rio de Janeiro: Letra Capital / Observatório das Metrópoles; Belo Horizonte: PUC, 2009.

GASPARINI, Carlos Eduardo; COSSIO, Fernando Andrés Blanco. Transferências intergovernamentais. In: MENDES, Marcos (Org.). *Gasto público eficiente:* 91 propostas para o desenvolvimento do Brasil. Rio de Janeiro: Topbooks, 2006. p. 175-201.

GRAU, Eros Roberto. *Direito urbano*: regiões metropolitanas, solo criado, zoneamento e controle ambiental. São Paulo: Ed. Revista dos Tribunais, 1983.

GRAU, Eros Roberto. *Regiões Metropolitanas*: regime jurídico. São Paulo: Bushatsky, 1974.

HABERMAS, Jürgen. *Direito e democracia*: entre facticidade e validade. Rio de Janeiro: Tempo Brasileiro, 1997. v. 1.

HAMILTON, Alexander; JAY, John; MADISON, James. *The Federalist Papers*. 1788.

HARGER, Marcelo. Consórcios públicos. In: DALLARI, Adilson Abreu; NASCIMENTO, Carlos Valder; MARTINS, Ives Gandra da Silva (Coord.). *Tratado de direito administrativo*. São Paulo: Saraiva, 2013. v. 2, p. 96-116.

HESSE, Konrad. *Elementos de direito constitucional da República Federal da Alemanha*. Porto Alegre: Sergio Antônio Fabris Editor, 1998.

HOGG, Peter W; BUSSELL, Alisson A. The Charter Dialogue between Courts and Legislatures. (Or Perhaps the Charter of Rights Isn't Such a Bad Thing after All) *Osgoode Law Journal*, v. 35, n. 1, p. 76-123, 1997.

HORTA, Raul Machado. Direito constitucional brasileiro e as Regiões Metropolitanas. *Revista de Informação Legislativa*, v. 12, n. 46, p. 33-42, abr./jun. 1975.

HORTA, Raul Machado. *Direito constitucional*. 2. ed. rev., atual. e ampl. Belo Horizonte: Editora Del Rey, 1999.

HORTA, Raul Machado. *Estudos de direito constitucional*. Belo Horizonte: Editora Del Rey, 1995.

INSTITUTO BRASILEIRO DE GEOGRAFIA E ESTATÍSTICA – IBGE. Nota técnica: Estimativas da população dos municípios brasileiros com data de referência em 1º de julho de 2014.

JORDÃO, Eduardo. *Controle judicial de uma administração pública complexa*: a experiência estrangeira na adaptação da intensidade do controle. São Paulo: Editora Malheiros: SBDP, 2016.

KELSEN, Hans. *Jurisdição Constitucional*. São Paulo: Editora Martins Fontes, 2003.

KELSEN, Hans. *Teoria pura do Direito*. 4. ed. São Paulo: Ed. Martins, 1994.

KRELL, Andreas J. A necessária mudança de foco na implantação do federalismo cooperativo no Brasil: da definição das competências legislativas para o desenho de formas conjuntas de execução administrativa. In: SOUZA NETO, Cláudio Pereira de; SARMENTO, Daniel; BINEMBOJM, Gustavo (Org.). *Vinte anos da Constituição Federal de 1988*. Rio de Janeiro: Editora Lumen Juris, 2009. p. 635-660

LARA, Henrique. *Brasília, uma cidade centenária*. Brasília: Companhia de Planejamento do Distrito Federal, 2016. (TD, 13).

LAZAR, Harvey; SEAL, Aron. Local Government: Still a Junior Government? The Place of Municipalities within the Canadian Federation. In: STEYTLER, Nico (Org.). *The Place and the Role of Local Government in Federal Systems*. Johannesburg: Konrad-Adenauer-Stiftung, 2005. p. 27-47.

LEAL, Victor Nunes. *Coronelismo, enxada e voto*: o município e o regime representativo no Brasil. 7. ed. São Paulo: Companhia das Letras, 2012.

LEONCY, Leo Ferreira. *Controle de constitucionalidade estadual*: as normas de observância obrigatória e a defesa abstrata da Constituição do Estado-membro. São Paulo: Editora Saraiva, 2007.

LEVI, Ron; VALVERDE, Mariana. Freedom of the City: Canadian Cities and the Quest for Governmental Status. *Osgoode Hall Law Journal*, v. 44, n. 3, p. 409-459, 2006.

LIBONATI, Michael E. State Constitutions and Local Government in the United States. In: STEYTLER, Nico (Org.). *The Place and the Role of Local Government in Federal Systems*. Johannesburg: Konrad-Adenauer-Stiftung, 2005. p. 11-27.

LIMA, Ana Paula Gil de. Os Consórcios Intermunicipais de Saúde e o Sistema Único de Saúde. *Cad. Saúde Pública*, Rio de Janeiro, v. 16, n. 4, p. 985-986, out./dez. 2000.

LIMA, Hermes. *O art .6º da Constituição*. Bahia: Imprensa Oficial do Estado, 1925.

LONGO FILHO, Fernando José. Uma análise jurídica da proteção do Conjunto Urbanístico de Brasília à luz do instituto do Plano Urbanístico. In: FERNANDES, Edésio; ALFONSIN, Betânia (Coord.). *Revisitando o instituto do tombamento*. Belo Horizonte: Editora Fórum, 2010. p. 313-340.

MACHADO, Gustavo Gomes. *O ente metropolitano*: custos de transação na gestão da Região Metropolitana de Belo Horizonte e no Consórcio do Grande ABC – os modelos compulsório e voluntário comparados. 2007. 167 f. Dissertação (Mestrado em Ciências Sociais) –Programa de Pós-Graduação em Ciências Sociais, Pontifícia Universidade Católica de Minas Gerais, Belo Horizonte, 2007.

MACHADO, José Ângelo; ANDRADE, Marta Leone Costa. Cooperação intergovernamental, consórcios públicos e sistemas de distribuição de custos e benefícios. *Revista de Administração Pública*, Rio de Janeiro, v. 48, n. 3, p. 695-720, maio/jun. 2014.

MARRARA, Thiago. Do modelo municipal alemão aos problemas municipais brasileiros. *Revista Brasileira de Direito Municipal – RBDM*, Belo Horizonte, v. 9, n. 27, versão digital, jan./mar. 2008.

MARRARA, Thiago. *Planungsrechtliche Konflikte in Bundesstaat*: Eine rechtsvergleichende Untersuchung am Beispiel der raumbezogenen Planung in Deutschland and Brasilien. Hamburg: Verlag Dr. Kovac: Hamburg, 2009.

MARTINS, Ives Gandra. Estímulos fiscais e a unanimidade exigida no CONFAZ. *Revista CEJ*, Brasília, v. 17, n. 59, p. 22-29, jan./abr. 2013.

MARTYNYCHEN, Marina Michel de Macedo. Constituição Federal de 1988 e o fortalecimento das regiões metropolitanas. In: CLÈVE, Clèmerson Merlin; PEREIRA, Ana Lúcia Pretto (Coord.). *Direito Constitucional brasileiro*: organização do Estado e dos poderes. São Paulo: Editora Revista dos Tribunais, 2014. v. 2. p. 60-78.

MENDES, Conrado Hübner. *Direitos fundamentais, separação de poderes e deliberação*. 2008. 219 f. Tese (Doutorado em Ciência Política) – Departamento de Ciência Política, Faculdade de Filosofia, Letras e Ciências Humanas, Universidade de São Paulo, São Paulo, 2008.

MENDES, Gilmar Ferreira *et. al. Curso de direito constitucional.* 4. ed. rev. e atual. São Paulo: Editora Saraiva, 2009.

MENDES, Marcos; MIRANDA, Rogério Boueri; COSIO, Fernando Blanco. *Transferências intergovernamentais no Brasil:* diagnóstico e proposta de reforma. Brasília: Consultoria Legislativa do Senado Federal; Coordenação de Estudos, abr. 2008. (Textos para discussão, 40).

MENDES, Marcos. *Proposta para um novo federalismo fiscal:* novos critérios de distribuição para o FPM e criação do Fundo de Participação das Regiões Metropolitanas. Brasília: Banco Central do Brasil, jan. 1994.

MILJAN, Lydia; SPICER, Zachary. *De-Amalgamation in Canada:* Breaking up is Hard to Do. Vancouver: Fraser Institute, 2015.

MIRANDA, João. *A dinâmica jurídica do planeamento territorial:* a alteração, a revisão e a suspensão dos planos. Coimbra Editora, 2002.

MODESTO, Paulo. Região Metropolitana, Estado e autonomia municipal: a governança interfederativa em questão. *R. Bras. de Dir. Público – RBDP,* Belo Horizonte, v. 14, n. 53, p. 127-136, abr./jun. 2016.

MONTANER, Luís Cosculluela. *Manual de derecho administrativo:* parte general. 21. ed. Madrid: Editora Thomson Reuters, 2010.

MONTESQUIEU, Charles de Secondat, Baron de. *O espírito das leis:* as formas de governo, a federação, a divisão de poderes. Introdução, tradução e notas de Pedro Vieira Mota. São Paulo: Saraiva, 2008.

MOREIRA, Jason. Regionalism, Federalism, and the Paradox of Local Democracy: Reclaiming State Power in Pursuit of Regional Equity. *Rutgers University Law Review,* v. 67, n. 2, p. 501-542, 2015.

MUDROVITSCH, Rodrigo. *Desentrincheiramento da jurisdição constitucional.* São Paulo: Saraiva, 2014.

MUNIZ, Jordan Michel. *Representação política em Althusius e Hobbes.* 2012. 163 p. Dissertação (Mestrado em Filosofia) – Programa de Pós-Graduação em Filosofia, Centro de Filosofia e Ciências Humanas, Universidade Federal de Santa Catarina, Florianópolis, 2012.

NEVES, Marcelo. *Entre Hidra e Hércules:* princípios e regras constitucionais como diferença paradoxal do sistema jurídico. São Paulo: Editora WMF Martins Fontes, 2013.

NGUYEN, Olivier. *Document of Jurisprudence Concerning Language Rights Protected by the Canadian Charter of Rights and Freedom.* LRSP – Language Rights Program, Janeiro de 2013.

OBINGER, Herbert; LEIBFRIED, Stephan; CASTLES, Francis G. Introduction: Federalism and the WELFARE STATE. In: OBINGER, Herbert; LEIBFRIED, Stephan; CASTLES, Francis G. (Ed). *Federalism and the Welfare State:* New World and European Experiences. Cambridge, UK: Cambridge University Press, 2005. p. 1-48.

ORTOLAN, Marcelo Augusto Biehl. *Relações intergovernamentais e instrumentos de cooperação administrativa na Federação brasileira.* 2013. 184 f. Dissertação (Mestrado em Direito) – Programa de Pós-Graduação em Direito, Universidade Federal do Paraná, Curitiba, 2013.

PASTOR, Juan Alfonso Santamaría. *Principios de Derecho Administrativo General.* 2. ed. Madrid: Iustel, 2009. t. 1.

PINHO, José Antônio Gomes de; SACRAMENTO, Ana Rita Silva. *Accountability:* já podemos traduzi-la para o português?. *Revista de Administração Pública – RAP,* Rio de Janeiro, v. 43, n. 6, p. 1343-1368, nov./dez. 2009.

PROJETO CONEXÃO LOCAL. *Consórcio Intermunicipal de Saúde do Alto do São Francisco.* Relatório Final. Luz, MG: Fundação Getúlio Vargas; Escola de Administração de Empresas de São Paulo, 2010.

REZENDE, Fernando. *A reforma tributária e a federação*. Rio de Janeiro: Editora FGV, 2009.

ROMERO, Luiz Carlos. Federalismo e responsabilidade sanitária (percalços da construção de um sistema único de saúde em um estado federado). In: ROMERO, Luiz Carlos; DELDUQUE, Maria Célia (Org.). *Estudos de Direito Sanitário*: a produção normativa e saúde. Brasília: Senado Federal; Subsecretaria de Edições Técnicas, 2011. v. 1, p. 83-98.

SANCTON, Andrew. *The Limits of Boundaries*: Why City-Regions Cannot Be Self-Governing. Montreal & Kingston; London; Ithaca: McGill-Queen's University Press: 2008.

SANO, Hironobu; ABRUCIO, Fernando Luiz. Federalismo e articulação intergovernamental: os conselhos de secretários estaduais. In: HOCHMAN, Gilberto (Org.) *Federalismo e políticas públicas no Brasil.* Rio de Janeiro: Editora Fiocruz, 2013. p. 213-246.

SANTOS, Lenir; ANDRADE, Luiz Odorico Monteiro de. Redes interfederativas de saúde: um desafio para o SUS nos seus vinte anos. *Ciência & Saúde Coletiva*, v. 16, n. 3, p. 1671-1680, 2011.

SARLET, Ingo Wolfgang; MARINONI, Luiz Guilherme; MITIDIERO, Daniel. *Curso de Direito Constitucional.* São Paulo: Editora Revista dos Tribunais, 2012.

SAULE JÚNIOR, Nelson. *Direito urbanístico*: vias jurídicas das políticas urbanas. Porto Alegre: Sergio Antônio Fabris Ed., 2007.

SCHAPIRO, Robert A. *Polyphonic Federalism*: Toward the Protection of Fundamental Rights. Chicago: The University of Chicago Press, 2009.

SCHARPF, Fritz W. *Föderalismus Reform*: *Kein Ausweg aus der Politikverflechtungsfalle?* Frankfurt am Main: Campus Verlag GmbH, 2009.

SCHARPF, Fritz W. The Joint-Decision Trap Revisited. *JCMS*, v. 44, n. 4, p. 845-864, 2006.

SCOTT, Kyle. *Federalism*: A Normative Theory and its Practical Relevance. London; New Delhi; New York; Sidney: Bloomsbury Publishing, 2011.

SERRANO, Pedro Estevam Alves Pinto. *Região Metropolitana e seu regime constitucional.* São Paulo: Editora Verbatim, 2009.

SGARBI, Adrian. *O referendo*. Rio de Janeiro: Editora Forense, 1999.

SILVA, José Afonso da. *Curso de direito constitucional positivo*. 25. ed. rev. e atual. São Paulo: Editora Malheiros, 2005.

SILVA, José Afonso da. *Direito urbanístico brasileiro*. 5. ed. São Paulo: Editora Malheiros, 2008.

SILVA, Mário Tavares. *A nulidade do plano urbanístico*: contributo para a compreensão das relações de compatibilidade e conformidade à luz de um novo princípio da legalidade. Coimbra: Editora Almedina, 2013.

SOUSA, Antônio Francisco de. *"Conceitos indeterminados" no direito administrativo*. Coimbra: Livraria Almedina, 1994.

SOUZA, Celina. Regiões Metropolitanas: condicionantes do regime político. *Lua Nova*, n. 59, p. 137-158, 2003.

REFERÊNCIAS | 187

SOUZA, Celina. Regiões Metropolitanas: trajetória e influência das escolhas institucionais. In: RIBEIRO, Luiz Cesar de Queiroz (Org.). *Metrópoles*: entre a coesão e a fragmentação, a cooperação e o conflito. 2. ed. Rio de Janeiro: Letra Capital; Observatório das Metrópoles; INCT, 2015. p. 61-96.

STEINBERG, David E. *Thomas Jefferson's Establishment Clause Federalism. Hastings Const.*, n. 40, n. 2, p. 277-318, 2013.

STEYTLER, Nico. Local Government in South Africa: Entrenching Decentralised Government. In: STEYTLER, Nico (Org.). *The Place and the Role of Local Government in Federal Systems*. Johannesburg: Konrad-Adenauer-Stiftung, 2005. p. 183-213.

SUNDFELD, Carlos Ari. O Estatuto da Cidade e suas Diretrizes Gerais. In: DALLARI, Adilson Abreu; FERRAZ, Sergio (Coord.). *Estatuto da Cidade*: comentários à Lei Federal nº 10.257/2001. 1. ed., 2. tir. São Paulo: Malheiros Editores, 2003. p. 44-60.

SUNSTEIN, Cass R. *A constituição parcial*. Belo Horizonte: Editora Del Rey, 2008.

SUNSTEIN, Cass R.; VERMEULE, Adrian. Interpretations and Institutions. *Mich. L. Rev.*, v. 101, p. 885-951, Feb. 2003.

TEIXEIRA, Ana Carolina Wanderley. *Região Metropolitana*: instituição e gestão contemporânea. Belo Horizonte: Editora Fórum, 2005.

TEIXEIRA, Luciana da Silva. Consórcios intermunicipais: instrumento para aumentar eficiência do gasto público. In: MENDES, Marcos (Org.). *Gasto público eficiente*: 91 propostas para o desenvolvimento do Brasil. Rio de Janeiro: Topbooks, 2006.

TEIXEIRA, Luciana; MAC DOWELL, Maria Cristina; BUGARIN, Maurício. (2001), Incentivos em consórcios intermunicipais de saúde: uma abordagem de teoria de contratos. In: ENCONTRO NACIONAL DE ECONOMIA, 29., 2001, Niterói. *Anais...* Niterói: Associação Nacional dos Centros de Pós-Graduação em Economia, 2001.

TEPPER, Chad E. The Effects of Quebec's Municipal Merger Law on Montreal: Mega-City or Mega-Blunder?. *Cardozo J. International and Comparative Law*, v. 11, n. 3, p. 1127-1128, 2004.

TONELLA, Celene; DAMASCENA, Jéferson Soares. O peso do voto metropolitano: a representatividade das regiões metropolitanas na Assembleia Legislativa do Paraná. *Cadernos Metrópole*, São Paulo, v. 14, n. 27, p. 89-114, jan./jun 2012.

UNGER, Roberto Mangabeira. *What should legal analysis become?*. Verso: Londres, Nova York, 1996.

VARELLA, Marcelo Dias. O surgimento e a evolução do direito internacional do meio ambiente: da proteção da natureza ao desenvolvimento sustentável. In: VARELLA, Marcelo D.; BARROS-PLATIAU, Ana Flavia (Org.). *Proteção internacional do meio ambiente*. Brasília: Unitar; UniCEUB; UnB, 2009. p. 6-25.

VERMEULE, Adrian. *Mechanisms of Democracy*: Institutional Design Writ Small. New York: Oxford University Press, 2007.

VICTOR, Sérgio Antônio Ferreira. *Diálogo institucional e controle de constitucionalidade*: debate entre o STF e o Congresso Nacional. São Paulo: Saraiva, 2015.

VICTOR, Sérgio Antônio Ferreira. *Presidencialismo de coalizão*: exame do atual sistema de governo brasileiro. São Paulo: Saraiva, 2015.

WALDRON, Jeremy. Dirty Little Secret. *Columbia Law Review*, v. 98, n. 2, p. 510-530, mar. 1998.

WATTS, Ronald L. Origins of Cooperative and Competitive Federalism. In: GREER, Scott L. (Ed.). *Territory, Democracy, and Justice*: Regionalism and Federalism in Western Democracies. Palgrave Macmillan: New York, 2006. p. 201-223.

WITTE JR., John. Natural Rights, Popular Sovereignty, and Covenant Politics: Johannes Althusius and the Dutch Revolt and Republic. *U. Det. Mercy L. Rev.*, v. 87, n. 4, p. 565-627, 2010.

YOSHIDA, Consuelo Yatsuda Moromizato. Mudanças Climáticas, Protocolo de Quioto e o princípio da responsabilidade comum, mas diferenciada. A posição estratégica singular do Brasil. Alternativas energéticas, avaliação de impactos, teses desenvolvimentistas e o papel do Judiciário. In: CONGRESSO INTERNACIONAL DE DIREITO AMBIENTAL, 12., 2008, São Paulo. *Conferências...* São Paulo: Imprensa Oficial do Estado de São Paulo, 2008. v. 1, p. 93-112.